いのちのとりで裁判に学ぶ

わたしたちの「生活保護」

石黒 好美 編著
Ishiguro Yoshimi
白井康彦 監修

風媒社

いのちのとりで裁判に学ぶ

わたしたちの「生活保護」

◉

目次

はじめに

「最低限度の生活」の基準引き下げをめぐる裁判

「国民は、健康で文化的な最低限度の生活を営む権利を有する」——この日本国憲法第25条に定められた生存権を具現化した制度が生活保護です。厚生労働省は２０１３年、生活保護費のうち日常の生活費にあたる生活扶助の基準を３年間かけて段階的に切り下げることを決めました。生活保護を利用している世帯の96％で受け取る保護費が減額され、その削減率は平均６・５％、最大で10％にも及んでいます。これを不服として、全国で１０００人を超える人たちが国や自治体に対して裁判を起こしています。

２０２０年６月25日、名古屋地方裁判所で出された生活保護費の引き下げの是非を問う裁判の判決は大きな議論を引き起こしました。

日本に住む人の生活の「最低限度」を引き下げることの重大さ、そして引き下げに至る過程にも重大な疑義があることを争った裁判でした。角谷昌毅裁判長は生活保護基準の引き下げは厚生労働大臣の裁量権の範囲内であるとして、原告の訴えをすべて棄却しました。

判決文には厚労省が２０１２年12月の衆院選での自民党の公約の影響を受けていたことを認める異例の記述もありました。「自民党の政策は、国民感情や国の財政事情を踏まえたもの」として、基準引き下げに政権与党からの影響があったとしても違法とは言えないとしたのです。

生活保護受給者の訴えや専門家の意見を軽んじ、最低生活の基準を「財政事情」や「国民感情」によって決めることを妥当とした前代未聞の判決に、多くの人が疑問を呈しています。

2021年2月22日の大阪地裁（森鍵一裁判長）では「最低限度の生活の具体化に関する国の判断や手続きに誤りがあり、裁量権を逸脱・乱用し、違法」であるとして、名古屋とは反対に支給額の引き下げを取り消す判決が出されました。しかし同年3月の札幌地裁、5月の福岡地裁では名古屋と同じく、原告の請求は棄却されています。まだ各地の地裁で裁判が進行中であり、名古屋・札幌・福岡の原告も控訴して高等裁判所でも引き続き争う構えを見せています。

「生活保護」を私たちの問題とするために

ところで、判決までに生活保護基準の引き下げに興味を持っていた人は、どれだけいたでしょうか。「生活保護は自分には関係ない」「裁判は一部の人の運動」と思われていたのではないでしょうか。他でもない、私自身がそう考えていました。

生活保護基準は生活保護を受けている人だけに関わるものではありません。地方税の非課税基準や、国民健康保険や介護保険の保険料の減免、就学援助の給付対象、そして最低賃金も生活保護基準を参考に決定されています。基準が引き下げられれば減免や給付が受けられなくなる人も増えるのです。

何よりも「健康で文化的な最低限度の生活」の基準を定めることは、日本に住む人の生活をどう保障するかということに他なりません。それは、私たちが「どんな暮らしができる国でありたいか」を考えることではないでしょうか。

しかし、生活保護に対する世間の目は冷ややかです。生活保護について報じた記事がインターネットに掲載されれば、「怠けていないで働け」という内容のコメントがたちまち書き込まれます。いわゆる「生活保護バッシング」です。私は生活に困りごとを抱えた人の暮らしを応援する名古屋のNPO法人「ささしまサポートセンター」の活動にも関わっていますが、仕事も家も失ってなお、生活保護の利用をためらう人が少なくありません。

暮らしの根幹に関わる制度なのに、誤解が大きく、また感情的な議論がなされがちな「生活保護」の制度、そして今回の裁判について、わかりやすく解説し、広く豊かな議論ができる土台を作る必要があるのではないか。それが、この本を作ろうと考えた動機です。

本書では、生活保護基準の引き下げに反対するこれまでの裁判の内容をふりかえりつつ、現在の「生活保護制度」をめぐるさまざまな視点を紹介しています。

生活保護基準の引き下げの経緯から、進行中の裁判の内容については、元・中日新聞記者でフリーライターの白井康彦さんに余すところなく解説していただきました。白井さんは、国が物価の下落率を理由に生活保護基準を引き下げるという説明をした際に、真っ先に疑問を抱き、厚生労働省は特殊な計算方式を用いて恣意的に物価下落率を実際よりも大きく下落させたのではないかと指摘しました。白井さんが「物価偽装」と呼び追及するこの算定方法は大阪地裁でも大きく注目され、勝訴判決の根拠となりました。

名古屋の弁護団の団長を務められている内河恵一先生には、過去に担当された四日市公害訴訟事件や名古屋新幹線公害訴訟事件、そして日雇労働者の生活保護処分取消行政事件（いわゆる林訴訟）などともつなげてこの裁判を語っていただきました。加えて、訴訟を通じて社会の矛盾を明らかにしていくことが、市民と企業と行政がともに新しい技術や制度について考え開発していくきっかけになるとも述べられています。

財政学者の井手英策さん、憲法学者の木村草太さん、社会学者の大山小夜さんからも、それぞれ異なる切り口から訴訟を評価していただきました。

経済政策、社会福祉、教育などを横断的に研究されている天池洋介さんからは、北欧の社会保障制度とも比較しながら、そもそも「社会保障とは何か」「誰のための経済成長か」を考える機会をいただきました。ご自身の非正規雇用での労働や組合活動の経験も糧にして提案される、身近で地に足の付いた新しい「運動」についての提案にも希望が持てます。

名古屋地裁の判決文にあった、「国民感情」について考えた項もあります。日本福祉大学社会福祉学部教授の山田壮志郎さんは、生活保護に対する意識調査を行い、日本では生活保護の何が「問題」と感じられているかを分析されています。どんな人が、生活保護の何を「バッシング」しているのか、については、少し意外とも思える結果も出ていました。

何よりも皆さんにお伝えしたいのは、生活保護を利用して暮らしている方々自身の声です。裁判について精力的にブログで発信を続けている水野哲也さん、生活保護がご自身と家族にとって何であったかを真っ直ぐにお話しいただいた楠木ゆり子さん（仮名）は、ともに生活保護基準引き下げ訴訟の原告です。

また、名古屋市で40年以上にわたり生活保護費のケースワーカーとして働いてきた小池直人さんにも現場からの声をお知らせいただきました。生活保護の受給者や、保護行政に関わる行政職員を苦しい立場に追いやってしまう構造が見えてきます。

皆さんのお話の多くを、本書は白井さんや私との対話形式でまとめました。専門的でつい敬遠したくなる法律の言葉だけでも、大きな声で叫ばれがちな運動の言葉だけでもない、日常の言葉で語ることで、制度の後ろに確かに「人」がいて、それぞれの生活があることを感じていただけたら、もっと「生活保護」やそれを支える憲法の理念を身近に考えることができるのではないかという試みです。

最後に、「物価偽装」について白井さんから詳しく解説していただいています。国のあり方、国の進んでいく先を決める根拠となるデータや理論をどのように扱い、議論していくべきなのかを学ぶ助けとなると思います。

（石黒好美）

苦闘が続く「いのちのとりで」裁判

白井康彦

4地裁の判決は原告側1勝3敗

厚生労働省は2013年1月、生活保護費を大幅に削減する政策を打ち出した。それに強烈に反発した全国各地の生活保護利用者らは、翌年の2014年から、その政策を覆すために「いのちのとりで裁判」を全国29地裁で次々に提起した。原告側の勝訴が確定すると、国の生活保護行政は大きな影響を受ける。そのため、原告側・被告側双方の攻防戦は白熱。多くの論点にわたって大量の書面を提出し、証人尋問では原告本人や原告側の学者らが必死で熱弁を振るった。筆者も各地の地裁に意見書を提出し、名古屋地裁では証言台に立った。筆者が訴えているのは、厚労省が生活保護費を大幅に削減するために実行した「物価偽装」という統計不正である。「いのちのとりで裁判」の状況を当事者目線で報告する。

2021年8月末時点では、4地裁で判決が出ている。原告側敗訴は、名古屋地裁（判決日は2020年6月25日）、札幌地裁（2021年3月29日）、福岡地裁（2021年5月12日）。原告側勝訴は大阪地裁（2021年2月22日）。

筆者は、原告や原告代理人の弁護士、支援者らとともに、裁判闘争の苦しさを深く実感する日々を過ごしている。この本での私の報告の前半は、名古屋地裁判決を中心に原告が直面している「壁の厚さ」を説明した内容。後半は、大阪地裁判決の「歴史的勝訴」の内容や意義を伝える。泥沼の裁判闘争の中で、希望の光が見えた。

第1号が歴史的不当判決

名古屋地裁判決は、いのちのとりで裁判の第1号判決なので大きな注目を集めた。原告側の予想では「歴史的な勝利判決」が出る可能性はかなり高かった。2013年以降、生活保護基準はずるずると切り下げられ、生活保護利用者らの貧しさは一段と進んだ。それなのに、世間には生活保護利用者に厳しい感情を持っている人が多い。原告側の関係者らの気持ちは「名古屋で勝訴すれば、これまでの苦しかった流れが変わる」と高揚していた。

その夢は無残に破裂。判決文は、原告や代理人弁護士らには到底容認しがたい内容だった。判決後の原告側報告集会で愛知弁護団事務局長の森弘典弁護士は「予想できなかった最悪の判決」と総括した。判決文を精読して筆者も呆然とした。「これは歴史的な不当判決ではないか」。

名古屋、札幌、福岡の各地裁の判決文を読んでいると、筆者は心が沈む。原告側が有利に見える論点でも、被告側は苦し紛れの主張を展開して準備書面として提出。それを追認した論理が、判決文のあちこちに出ているからだ。中でも、名古屋地裁判決は被告擁護のトーンが異様に強い。各地の裁判官には「公平かつ科学的に自分の頭でしっかり考えてください」と強く言いたい。

×　×　×

いのちのとりで裁判で原告側が求めたのは、「生活扶助」の基準を切り下げる行政処分の取り消しだ。生活扶助は生活保護制度の給付の一つで、食費や衣料品代、娯楽費などの日常生活費分だ。生活保護制度の利用者にとっては、生活扶助基準切り下げは、日常生活費の削減と同じ。厚労省がまとめた生活扶助基準切り下げ案の資料では、平均の切り下げ率は約6・5％だった。1950年に現行の生活保護法が施行されて以降、初めての大幅な基準切り下げだった。

名古屋地裁の不当判決が下った6日後、私とフリーライターの石黒好美さん、風媒社編集長の劉永昇さんは、この本の内容をどうするか話し合った。そのとき、名古屋地裁判決の特異さを石黒さんが一言で表現した。「別にいいじゃん、という感じでしょ」。

役所が行政処分をするときには守らねばならないポイントが数多くある。それを守らなかったことを理由に、原告側は「厚労省は駄目な行政処分案を作った。だから、違法で違憲。行政処分を取り消せ」と主張した。ところが、名古屋地裁判決は、いくつもの注意点が守られなかったことを認めながら、「別にいいじゃん」と政権をかばった。名古屋地裁の判決文の中で原告側の怒りが一番集中したのは、118頁から119頁にかけての次のくだりだ。

「これらの事実に照らせば、本件各告示による生活扶助基準の改定が、前記のような自民党の政策の影響を受けていた可能性を否定することはできない。しかしながら、前記の認定事実によれば、生活保護費の削減などを内容とする自民党の政策は、国民感情や国の財政事情を踏まえたものであって、厚生労働大臣が、生活扶助基準を改定するに当たり、これらの事情を考慮することができることは前記（1）に説示したところから明らかである。」

2013年の生活扶助基準の改定については、その当時から「厚労省が自民党の圧力に屈して決めたのではないか」といった批判が渦巻いていた。名古屋地裁判決は、自民党の政策の影響については「受けていた可能性を否定することができない」という表現で認めた。しかし、影響を受けたことそのものについて「別にいいじゃん」と開き直ったのである。

２０１３年の生活扶助基準改定の前年である２０１２年の５～６月には、民放テレビのワイドショー番組や週刊誌を中心に生活保護制度に厳しい報道が集中的に展開された。生活保護を利用している人全般について「けしからん」といった感情を抱いた視聴者が多く、生活保護利用者は心細い思いで日々を過ごした。生活保護制度を活用して生活困窮者を救済していこうとする法律家や社会活動家らは、これを「生活保護バッシング」と呼んだ。

その生活保護バッシング報道に大きな影響を与えたのが、自民党である。名古屋地裁の判決文のこのあたりの表現を読んで、原告側関係者らははらわたが煮えくり返った。「国の財政事情が厳しいという理屈で、もともと貧しい生活保護利用者をさらに貧しくしていいのか」「自民党は生活保護バッシングに乗じて生活保護への国民の誤解を広めた。それによって生活保護への国民感情は歪んだ。裁判官はそういった経緯が分かっているのか」。

生活保護は「いのちのとりで」

生活保護は「命の砦」である。だから、生活扶助基準改定の行政処分の取り消しを求める裁判は「いのちのとりで裁判」。生活困窮者の支援活動に尽力されている作家・社会活動家の雨宮処凛さんのネーミングだ。雨宮さんは「いのちのとりで裁判全国アクション」の共同代表でもある。

生活保護は「生活困窮者が野垂れ死にするのを防ぐ制度」。お金がないと、ホームレスになったり、孤独死や餓死したりする。生活保護制度を利用すれば、状況は劇的に改善する。金額は少ないものの生活していくためにお金が支給され、医療も無償で受けられるようになる。生活保護は、人名救助の効果が極めて高い社会保障制度なのである。

２００８年のリーマンショックの後、日本ではホームレス状態になる人が急増した。その人たちを救済しようと、全国各地で市民運動的な動きが広がった。救済する方法として最も効果が高いのが、生活保護制度を利用してもらうことだ。支援者らは、夜中に公園などを回ってホームレスの人たちに声をかける。話がしっかりできた場合は、生活保護の利用を勧める。生活保護制度は、自治体に申請しなければ利用できないので、支援者は役所に同行することも多い。筆者も当時、定期的に夜回り活動に参加させていただき、生活保護制度のありがたみを深く実感した。

憲法25条と生活保護法

国民には生活保護を申請する権利がある。憲法に生存権がしっかり明記されている事実は重い。憲法25条1項の条文は次の通りだ。

「すべて国民は、健康で文化的な最低限度の生活を営む権利を有する」

条文の中の「健康で文化的な」という修飾語も極めて重要だ。健康が維持できてなおかつ「文化的な」生活を営むことができる「最低限度」なのである。

２０２０年~２０２１年は、コロナ禍で生活困窮者が増えた。厚労省のホームページでは、コロナの影響で生活が困窮した人向けのリーフレットが見られる。「生活を支えるための支援のご案内」という項目があり、生活保護制度も紹介されている。冒頭の制度の概要説明に続くのが次の文言だ。

「生活保護の申請は国民の権利です。生活保護を必要とする可能性はどなたにもあるものですので、ためらわずに自治体までご相談ください」

×　×　×　×

具体的に生活保護制度の内容を規定しているのが生活保護法。例えば、第11条は、生活保護制度の扶助の種類を次の通り定めている。

「保護の種類は、次のとおりとする。一　生活扶助　二　教育扶助　三　住宅扶助　四　医療扶助　五　介護扶助　六　出産扶助　七　生業扶助　八　葬祭扶助」

この中では、日常生活費に充てる「生活扶助」、家賃分の「住宅扶助」、医療費分の「医療扶助」が特に重要だ。２０１３年の生活保護基準の改定は、日常生活費分の生活扶助基準の改定だった。

×　×　×　×

生活保護法で生活保護基準の原則を示しているのは第8条。条文は次の通り。

第1項「保護は、厚生労働大臣の定める基準により測定した要保護者の需要を基とし、そのうち、その者の金銭又は物品で満たすことのできない不足分を補う程度において行うものとする」

第2項「前項の基準は、要保護者の年齢別、性別、世帯構成別、所在地域別その他保護の種類に応じて必要な事情を考慮した最低限度の生活の需要を満たすに十分なものであって、且つ、これをこえないものでなければならない」

いのちのとりで裁判では、この条文が重要視されると誰しも思うはずだ。ところが、名古屋地裁判決はこの条文を軽くみた。筆者はびっくりした。

×　×　×

生活保護制度の基本的な仕組みは多くの人に誤解されている。利用者に一定額の金銭給付を保障する制度ではない。厚労省が年齢別、世帯構成別、地域別などで生活保護の基準を設定する。この基準は「健康で文化的な最低限度の生活」ができるレベルの金額として示されるので、「最低生活費」と呼ばれる。生活保護を利用する人の収入がその基準を下回るのであれば、生活保護が利用でき、受給できる金額は基本的には「最低生活費―収入」の金額ということになる。概略的な図で示すと、上の通りだ。

要するに、生活保護は厚労省が決めた最低生活費ラインの収入を確保できない人に「不足分」を支給する仕組み。そのため、生活保護の支給額が１万円、２万円といった少額である世帯も多い。

生活扶助基準は、国民の「健康で文化的な最低限度の生活」の目安であるため、就学援助の対象になるかどうかや税や社会保険料を免除されるかどうかの目安などとしても幅広く使われている。また、最低賃金とも関連性が強い。生活扶助基準改定の影響は、貧困層全般に及ぶわけだ。

生活扶助以外の扶助は、生活保護の利用者それぞれの必要額に応じて支給される。住宅扶助（家賃）は、厚労省が居住地域別や世帯構成別などで上限額を設定する。住宅扶助の上限額が３７０００円の世帯が、家賃４万円のアパートに住むときは差額の３０００円は自己負担せねばならない。

生活保護基準は名古屋市で一人暮らしの68歳だと、2021年5月時点の月額は生活扶助基準が7万6880円で、住宅扶助基準の上限額が3万7000円。この人の収入がゼロで月額家賃3万7000円のアパートに住んでいるのであれば、この人の生活扶助費と住宅扶助費の合計月額は11万3880円になる。この人が月5万円の公的年金収入があれば、この人が受給する「生活扶助費＋住宅扶助費」の合計額は6万3880円になる。

生活困窮者が生活保護利用者になるのは「健康で文化的な最低限度の生活者」になることだとも言える。医療費の自己負担もなくなるので、病気がちの高齢者である場合は「健康で」の3文字のありがたみも実感できる。

×　×　×

世間の多くの人は「生活保護利用者の収入は全部が生活保護の給付金だ」と思っているが、明確な勘違いだ。人によって、公的年金など生活保護以外の社会保障制度の給付金収入があったり、就労収入があったり、親族からの仕送り金があったりする。2018年の社会保障生計調査から「単身・高齢」の生活保護利用者の収入内訳を見てみたら、次の通りだった。収入の金額は月間の平均値である。

収入合計＝11万2694円、生活保護給付＝6万7431円（59・8％）、他の社会保障給付＝3万1473円（27・9％）、就労収入＝9782円（8・7％）、その他＝4008円（3・6％）

2013年の生活扶助基準改定の内容

2013年1月27日に厚生労働省が生活扶助基準の改定案を公表した。2013年8月、

2014年4月、2015年4月と段階的に基準が切り下がる形になっていた。生活扶助費大幅削減の痛みを一度に集中的に受けないようにする激変緩和措置だ。

生活扶助の基準額は、生活保護世帯の居住地や世帯の人数、年齢などで異なる。改定案では、生活扶助基準の切り下げ率は平均で約6・5%、最大で10%だった。生活扶助費が増えた世帯もあったが、約96%の世帯は、生活扶助費が削られた。平均約6・5%の切り下げ率は、現行の生活保護法が1950年に制定されて以降初めての大幅なものだった。

厚労省が基準改定の理由としたのは「ゆがみ調整」と「デフレ調整」である。生活扶助の基準額は、居住地や世帯人数などのさまざまなパターンごとに異なる。厚労省は、パターンごとに基準額が多すぎたり少なすぎたりする「ゆがみ」があるとして、それを是正する「ゆがみ調整」をしたと説明した。世帯パターンごとの基準額が多すぎるか少なすぎるかは、「第1・十分位」と呼ばれる低所得世帯（年収を10の階層に分けたときの最少の階層）の消費水準と生活扶助基準額を比較して判断した。

デフレ調整は、物価指数の変化率に基準額の改定率を合わせる手法だ。かつて公的年金で実施されていた「物価スライド」と考えればいい。厚労省は物価スライドの根拠にする物価指数は、厚労省が開発してこのとき初めて持ち出した「生活扶助相当ＣＰＩ」とした。計算対象を生活扶助費で買える品目に限定した消費者物価指数（ＣＰＩ）である。そして、厚労省は、生活扶助相当ＣＰＩの2008年～2011年の下落率が4・78%だったと説明した。この下落率を四捨五入した4・8%がデフレ調整による生活扶助基準の切り下げ率になった。

厚労省の説明によると、この生活扶助基準改定案による年間の国予算の削減額は約670億円。そのうち、約580億円分がデフレ調整の分であり、約90億円分がゆがみ調整の分だった。デフレ

生活扶助基準額改定の具体例（数字は月額の万円）			
世帯構成	居住地	2012年度	2015年度以降
夫婦と子１人（30代20代4歳）	都市部	17.2	15.6
	町村部	13.6	12.8
夫婦と子2人（40代夫婦と小・中学生）	都市部	22.2	20.2
	町村部	17.7	16.2
母と子１人（30代4歳）	都市部	15.0	14.1
	町村部	12.0	11.7
70代以上単身	都市部	7.7	7.4
	町村部	6.0	6.0
60代単身	都市部	8.1	7.9
	町村部	6.3	6.4
41〜59歳単身	都市部	8.3	7.9
	町村部	6.4	6.4
（厚生労働省の資料から白井が作成）			

調整の影響の方が格段に大きかった。そのデフレ調整は、手続きも内容も酷いものだった。

×　×　×

世帯パターンごとの生活扶助基準額改定の具体例を上の表で示した。ほとんどのパターンで削減になっていることが分かる。都市部の夫婦と子二人の世帯の月額は「22・２万円→20・２万円」と２万円も削減された。全体として見ると、世帯の人数が多いほど削減率が大きい。また、町村部より都市部の方が削減率が大きい。

生活扶助基準大幅改定までの経緯

現行の生活保護法は１９５０年に施行され、生活扶助基準は厚生大臣の告示で改定できることになった。その当時から１９６５年ぐらいまでは、生活扶助基準が一般世帯の暮らしぶりと比べ低すぎるという状況は、かなり明白だった。

そこで、生活扶助基準の改定方式は１９６５年度から「格差縮小方式」になった。これは、経済成長によって目立ってよくなっていた一般世帯の暮らしぶりに近づけるよう、生活扶助基準を意識的に引き上げていく方式だった。１９８０年代になると、生活扶助基準額が中間所得層の所得の概ね60％の水準に到達したという認識が広まり、１９８４年からは現行の「水準均衡方式」に移行した。これは、一般世帯の消費水準の上昇や下降ぶりを勘案して生活扶助基準を決めていく方式である。

２０００年代になると、人口の高齢化による社会保障予算の増大と国・自治体の財政状況の悪化を背景に、政府与党が生活保護予算の増大を抑制しようとする姿勢が顕著になった。そして、厚労省は生活扶助基準の加算部分を一部廃止する強硬措置を取った。加算は、生活保護世帯の中の「生活費が特に多く必要だと考えられるパターンの世帯」を対象に、生活扶助基準の本体に付け加えて給付されるものだ。具体的には、70歳以上の高齢世帯向けの老齢加算が、２００４年４月から段階的に削減され、２００６年３月末で全廃になった。一人親世帯向けの母子加算も、２００５年４月から段階的に削減され、２００９年３月末で全廃になった。

生活扶助基準の本体は、２００３年と２００４年に小幅な切り下げ改定があった。２００７年秋には、厚労省が本格的な切り下げ改定を目指して作業を進めたが、原油価格の高騰などの社会情勢の変化を理由として、厚労省は基準改定を見送った。その後も２０１３年の大幅改定まで生活扶助基準の改定はなかった。

２００８年秋のリーマンショックと２００９年夏の衆議院選挙での民主党の大勝・政権獲得は、生活保護制度にも強い影響を及ぼした。まず、リーマンショック後の不況で、生活保護の利用者が急増した。厚労省が毎月公表している生活保護についての「被保護者調査」によると、生活保護利用者は２００８年10月には約１５９万人だったが、４年後の２０１２年10月には約２１４万人になった。生活困窮者が急増していたので当然の流れだった。しかし、野党に転落していた自民党は

「民主党政権が生活保護制度の運用を緩めたのが原因」といったトーンで政権攻撃の材料に使った。民主党政権は、２００９年12月に母子加算を復活しており、生活保護予算を削減しようとする自民党政権からの軌道修正の雰囲気があった。

しかし、民主党政権ではあっても財務省を中心に社会保障予算を全般的に抑えようとする空気は強かった。、厚労省は生活扶助基準切り下げに向けて動き出し、２０１１年２月には「社会保障審議会生活保護基準部会」を設置した。この部会が厚労省社会・援護局保護課とともに生活扶助基準の「ゆがみ調整」を検討したのである。

生活保護基準部会の報告書案が公表されたのは２０１３年の１月18日。大幅な生活扶助基準切り下げにはならないと思える内容だった。ところが、１月27日に生活扶助基準改定案の発表があり、平均約６・５％という大幅な基準切り下げに変わっていた。基準改定案の発表の１ヶ月余り前、２０１２年12月16日投開票の衆院選で、自民党が大勝して政権に復帰。自民党は選挙公約で「生活保護の給付水準の１割削減」を訴えていた。生活困窮者の支援活動を展開する人たちは「厚労省が自民党の圧力に屈した」と受け止めた。

バッシング報道と国民感情と自民党の政策の関係

生活保護バッシング報道のきっかけは、高収入のお笑いタレントの母親が生活保護を受けていたという週刊誌報道だった。このタレントが自治体の担当部署と相談していたこともあって、自治体は不正受給とみなしていなかった。しかし、民放テレビのワイドショー番組などは「不正受給」と決めつけて大々的に報道した。

報道の背景には、リーマンショック以降の生活保護利用者急増があった。それを問題視する勢力の先頭に立ったのが、野党に転落していた自民党である。自民党は2012年に入って、生活保護に関するプロジェクトチームを作り、生活保護制度の在り方を検討。そこへ、お笑いタレントの問題が重なった。

プロジェクトチームの一員である片山さつき参院議員が民放各局のワイドショー番組に頻繁に登場した。片山議員は元大蔵省（現在は財務省）官僚。主計局で、予算査定を担当していた時期もある。その経歴もあって、生活保護予算の急増に「何とかして生活保護予算の増加を抑えたい」という思いを強めたようだ。片山議員の主張は「安易に生活保護に頼る人が増えてモラルが低下しており、正直者にやる気をなくさせる」といったトーンだった。生活保護利用者の状況については「快適すぎる」と表現して、たばこやビール、パチンコを楽しむ人も多いことを説明。そして、「大切なのは家族間の支え合い精神」と説いた。

ワイドショー番組では、連日のように生活保護の不正受給が急増したことを強調する番組が流れた。生活保護利用者がパチンコやアルコールを楽しむのを問題視する報道ぶりも目立った。「国民の『生活保護は恥』という気持ちが全般的に薄れてきたのではないか」といった識者の意見も紹介したりした。「行政の監督が甘すぎる」といった報道も見られた。街角で集めた人々の声や視聴者の声も頻繁に紹介。その大半は、生活保護利用者に厳しいものだった。こうした報道ぶりの影響で「生活保護利用者に厳しい言葉を投げかけてもいい」といった空気が世間に広まった。

× × ×

「生活保護の何が問題か」という第一歩から生活保護バッシング報道は間違っていた。最大の問題点は「利用できる生活困窮者のほんの一部しか利用していない」という現実なのである。

筆者は、年金受給額が少ない「年金プア」の取材を重ねてきた。「生活保護を受けるのは恥」「親戚の皆に反対されたから受けられない」「ここらあたりは田舎だから、近所の目が気になる」といった声をあちこちで聞いた。「生活保護を受けたくないならどうするか」と問うと、一様に「働けるうちは働く」という答えが返ってきた。しかも、貯金が尽きないようにするため懸命に節約する。

その結果、「最低生活費」を割り込む暮らしぶりの年金プアは非常に多い。筆者は600万〜700万人ぐらいと推定している。生活保護を利用せずに最低生活費より下の暮らしぶりに甘んじている人は、ワーキングプアや母子世帯などにも多い。「健康で文化的な最低限度の生活」のラインより下の暮らしをしている人が生活保護利用者の何倍も存在するのが、日本の貧困問題の際立った特徴なのである。

それを示すのが生活保護の「捕捉率」。「生活保護を利用できる人の中で実際に利用している人」の比率である。日本の捕捉率は、1割台から4割台までいろいろな推定があるが、筆者は2割台〜3割台の可能性が高いと考えている。先進諸国の中では著しく低い捕捉率である。

×　×　×

生活保護を申請したときの行政の対応は甘くない。逆に厳しすぎる対応をする役所が目立つ。生活困窮者が役所の窓口に来た時の対応ぶりで有名なのが「水際作戦」である。

役所の窓口の担当者が、来訪者の困窮ぶりを聴きつつも単なる「相談」であることにして、生活保護の申請はさせない。役所を3回、4回と繰り返し訪れて懇願して、やっと申請させてもらえるかどうか、といった対応である。このような水際作戦が全国各地の自治体で常習化しているため、各地の弁護士や司法書士、生活困窮者支援団体の会員、地方議員らが生活困窮者の生活保護申請に同行するサポートを展開している。同行者がいると、役所側があっさり申請を認めることがたびたびあり、生活困窮者を驚かせる。

世間には「親族がしっかり面倒をみれば、生活保護を受ける人はかなり減らせる」といった声もある。理屈はその通りだが、現実を直視すると誤解と言える。例えば、毎月5万円を高齢の親に仕送りすると、5年間で合計金額は300万円になる。こういった負担に応じられる子供の比率はそれほど高くはない。子供が中間層であっても、住宅ローンの返済中であったり教育資金の負担の重さにあえいでいたりすることが多いからだ。高齢の生活保護利用者の場合は、息子や娘も「貧困の連鎖」で暮らしに余裕がないことが多いので、毎月5万円といった仕送りはレアケースである。

生活保護申請を受け付ける自治体では、申請者の親族に「申請者に援助できないか」と尋ねる「扶養照会」を実施してきた。これを受けて定期的に援助する親族が少ない一方で、申請しようとする人には申請をためらわせる大きな心理的な壁になってきた。生活が困窮していることを親族に知られたくはないからだ。

扶養照会の運用を改めようと、2021年2月、厚労省は扶養照会に関して自治体に通知を出した。「10年程度音信が不通の親族や関係が著しく悪い親族には扶養照会を出さなくてもいい」といった内容。生活困窮者の支援団体などは、扶養照会をするケースをさらに狭めるよう要請している。

×　×　×

2020年～2021年のコロナ禍で生活困窮者が大幅に増え、生活保護利用者が顕著に増えてもよさそうな状況。しかし、そうなってはいない。厚労省の被保護者調査によると、2021年

2月の生活保護利用者は204万7778人で前年同月比0・8%の減少。生活保護利用世帯は163万7143世帯で同0・3%の増加。生活困窮者の支援に奔走している人たちは「生活保護の利用を勧めても『生活保護だけは受けたくない』と拒絶する人が多く、生活保護バッシングの影響の強さを感じる。自治体の水際作戦の体質や扶養照会によって申請が抑制される構造も変わっていない」と口をそろえる。

酷い誤解①生活保護の不正受給が多い

生活保護バッシング報道では、「不正受給が多い」と盛んに強調されたが、間違いだった。確かに、不正受給という行為は厳しく糾弾されるべきだ。暴力団絡みの不正受給など極めて悪質な事案もある。不正受給が蔓延すればモラルハザードが起きるし、生活保護予算の膨張にもつながりかねない。だから、不正受給対策は極めて重要である。しかし、生活保護の分野で不正受給が著しく多いのかと言えば、実際にはそれほどではない。

厚労省の資料を見て考えよう。筆者がまとめた次頁の表を見てほしい。各年度の不正受給の件数と金額をピックアップし、金額については生活保護費全体の中での比率も計算した。

不正受給の件数は、一番多い2016年度で4万4466件である。2016年度の月平均の生活保護世帯数は163万7045。2・7%の世帯で不正受給が発生した計算だ。約37世帯に1件の割合で不正受給が発生したとも表現できる。「それほど多くない」という印象を持つ人が多いだろう。不正受給の金額は、一番多い2012年度で191億円。2012年度の生活保護費の総額（実績値）は3兆6028億円だったので、不正受給の金額の比率は0・53%という計算になる。この比

生活保護の不正受給の状況				
年度	件数	金額（億円）	生活保護費の総額（億円）	金額の比率（%）
2010	25355	129	33296	0.39
2011	35568	173	35016	0.49
2012	41909	191	36028	0.53
2013	43230	187	36314	0.51
2014	43021	175	36746	0.48
2015	43938	170	36977	0.46
2016	44466	168	36720	0.46
2017	39960	155	36611	0.42
2018	37287	140	36062	0.39
（厚労省の資料をもとに筆者が作成）				

率は0・4～0・5％付近で推移している。役所が発見できていない隠れた不正受給があることを考慮しても、不正受給の金額比率は「それほど高くない」と考えて間違いない。

不正受給の中身も確認した方がいい。まず、一件当たりの不正受給の金額は、厚労省の資料によると、一番多い2010年度が50・9万円、一番少ない2018年度が37・5万円であり、全体的には「小口の不正行為」と言える。不正の内容は、各年度とも「稼働収入の無申告」が40％台後半で一番多い。この「稼働収入の無申告」の中には、生活保護世帯の高校生のアルバイトもかなり多く含まれている。不正受給の中身まで見ても、「悪質な不正受給の比率が高い」といった状況には思われない。

×　×　×

生活保護バッシングの風潮に関して、筆者が強い違和感を感じる「世間の多数の声」の一つが「生活保護を受けている人がパチンコをしているのは許せない」である。生活保護利用者がパチンコをしているのを見かけたとき「私たちは頑張って働いているのに、生活保護を受けているあの人は働かずにパチンコで楽しんでいて、おかしい」といった気持ちになるのは自然ではある。

しかし、生活保護利用者がパチンコをするのを禁じようとする意見には絶対に賛同できない。第一の理由は、特定の人間集団の人だけを対象にしてお金の使い道を制限するのは「人権侵害」に当たるからである。「福祉に大きく頼っている人の人権は制限しても構わない」という人権制限論は、危険な考え方だ。生活保護利用者、障害者、病気の重症患者といった立場になったつもりで考えてみたらいい。日常生活費の使い道の制限をされたら、「いじめられている」「人間の尊厳を踏みにじられている」などと、悲しみに打ちひしがれることが想像できる。

第二の理由は、パチンコをする行為が外部には経済的マイナスを及ぼさないことだ。パチンコで負けが込んで大損した場合は、その生活保護利用者の日常生活費が減るだけ。役所が補塡するわけではない。だから、パチンコ好きな生活保護利用者でも通常は、「好きなだけパチンコをする」という具合にはいかない。ただし、生活保護利用者がパチンコ依存症になっている場合は治療を急ぐべきだ。

酷い誤解②なまけて生活保護を利用する人が多い

「なまけて生活保護を受けている人が多い」と誤解している人も世間には多い。生活保護バッシング報道がこうした誤解を拡散させたように感じる。「働ける若者が生活保護を受けてぶらぶらしているのはおかしい」といった声は今でもよく聞く。

生活保護利用世帯についての統計を見て考えれば、すぐに誤解と分かる。厚労省が毎月公表している「被保護者調査」である。2021年5月末の段階では、2021年2月までの調査結果が公表されていたので、各年の2月の数字をピックアップしてみた。次の表を見てほしい。生活保護世帯のタイプ別の世帯数の推移を示したものである。

世帯タイプ別の毎年２月の生活保護利用世帯数					
	高齢者	母子	障害者	傷病者	その他
2008年2月	500977	94500	135204	271895	113339
2009年2月	529827	95923	141588	276575	131481
2010年2月	572285	105078	151408	300372	196301
2011年2月	610505	113456	162668	315584	240372
2012年2月	643387	116678	173964	321608	259647
2013年2月	683353	115922	181331	297226	289931
2014年2月	724137	112743	185559	280556	287554
2015年2月	766241	109485	189121	266790	278845
2016年2月	808308	104801	191938	250827	268591
2017年2月	839090	99233	194618	235247	262660
2018年2月	863759	92145	197831	222767	253570
2019年2月	880945	86558	201782	211417	246741
2020年2月	893874	80654	204985	203403	242105
2021年2月	899632	75556	208331	198672	247583

貯蓄がほぼ尽きた「高齢者世帯」「母子世帯」「障害者世帯」「傷病者世帯」では、働いて得る収入で「健康で文化的な最低限度の生活」を維持していくのが難しい。そのため、生活保護世帯の大半は、こうしたタイプの世帯である。２０２１年２月は、「その他世帯」の割合は約15％にとどまる。「その他世帯」にもさまざまな事情で最低生活費分の収入を稼げない人が多い点にも注意が必要だ。

被保護者調査は、毎年７月末時点での年齢階層別の生活保護利用者数も公表している。２０１８年７月末時点の生活保護利用者は約２０７万人。そのうち、20代と30代の生活保護利用者の割合は合計でも７・５％に過ぎない。60代以上の高齢者の比率が圧倒的に高く、若い世代の生活保護利用者は目立って少ないのである。

×　×　×

生活保護を利用している人の中には、働いて収入を得ている人も少なくない。生活保護の支給額は原則的には「生活保護の支給額＝最低生活費－収入」という等式で決まるが、働いて得る収入については、収入の一部を控除する仕組みがあるからだ。働いている生活保護利用者の手取りの額は、働いていない生活保護利用者に比べて控除額の分だけ多くなる。

控除額は、就労収入の額によってさまざまだが、被保護者調査の統計数字を見ると、1万5000円～2万4999円の範囲の人の比率が高い。生活保護を利用していても、働けば、最低生活費ラインより生活費が多くなるわけだ。「生活保護利用＝働く意欲がなくなる」という等式があるように思い込んでいる人が多いが、この等式は現実には間違いである。

生活保護利用者の中の「その他の世帯」の人は、他の世帯分類の人よりも就労収入を得られる可能性がある人の比率が高い。現実にどれだけの人が働いているか、2018年7月末時点の数字を被保護者調査で確かめてみた。「その他世帯」の生活保護利用者は全体で37万7316人。そのうち、就労している人は10万4921人だ。ただし、37万7316人の中に「障害・傷病あり」の人が3万4874人いる。結局、「その他世帯の障害・傷病なしの生活保護利用者」の30・6％の人が働いて収入を得ていることになる。残りの約7割の人の中にも「働きたいのに働き口が見つからない」という人が多いので、生活保護利用者全体の中の「現実に働ける職場が確保できるのに働いていない人の割合」はかなり低いと推定できる。

×　×　×

生活保護利用者に対して厳しい感情を持ちがちなのが、ワーキングプアの人たちである。筆者も非正規労働のワーキングプアの中年男性から率直な意見をいただいた。「生活保護の人がうらやましい。自分は長時間働いて疲れる。生活保護の人はそういうことがないし、税金や社会保険料を払わなくてもいい。不公平だ」。男性は、給料が徐々に下がり、気がついたら生活水準は生活保護世帯とあまり変わらない程度になっていた。

こうした不満は極く自然な感情だが、不満をぶつける先は非正規労働の厳しい状況を放置している政府与党や経済界に向けた方がいい。ワーキングプアの人たちが生活保護バッシングをするのは、弱い者が別の弱い者をたたくような構図であり、政府与党や経済界にとっては痛くもかゆくもない。

ワーキングプアの人たちの賃金水準は、最低賃金を大幅に上げていけば、上昇ピッチが速まる。その最低賃金が、生活保護基準と関連が強い。最低賃金法には「労働者が健康で文化的な最低限度の生活を営むことができるよう、生活保護に係る施策との整合性に配慮するものとする」という条文があるからだ。

日本経済の成長を確保するためという目的もあって、近年は政府与党にも「最低賃金はしっかり上げた方がいい」という考え方が強くなっている。しかし、２０２０年～２０２１年のコロナ禍によって状況は一変。最低賃金の大幅上昇は望みにくい状況になっている。こうした中で、生活保護基準がずるずる下がれば、どうなるのだろうか。最低生活費のラインが下がるので、政府与党は最低賃金を上げないですます口実の一つにできるのである。ワーキングプアの人たちが「生活保護基準をどんどん下げろ」という主張に乗せられると、「自分たちの経済基盤がさらに危うくなりかねない」という結果が待っている。

酷い誤解③国民年金と生活保護の比較は無意味

テレビの民放各局の生活保護バッシング報道が展開されていたとき、筆者は「そんなおかしな話を流すな」とたびたび腹を立てていた。そういった話題の一つが「国民年金の受給額と生活保護基準の比較」である。無意味な比較である上に、「生活保護基準が高すぎる」という誤解をふりまく悪影響が極めて大きい。

国民年金の老齢基礎年金は、保険料を20歳から60歳までずっと払い続けていても満額は月6万数千円だ。この満額の金額は年度ごとに変わる。2021年度の満額は月6万5075円。年金プアの高齢者は「老齢年金生活者支援給付金」も受給できることが多い。この支援給付金は、消費税率を8％から10％に上げたときに創設された制度であり、2021年度の基準額は5030円。「国民年金満額＋支援給付金基準額」の合計は7万105円である。ここでは、この金額を「国民年金の満額プラスアルファ」と呼ぶ。

一方、生活保護基準は名古屋市で一人暮らしの68歳だと、2021年5月時点の月額は生活扶助基準が7万6880円で、住宅扶助基準の上限額が3万7000円。この人の収入がゼロで月額家賃37000円のアパートに住んでいるのであれば、この人の生活扶助費と住宅扶助費の合計月額は11万3880円になる。国民年金の満額と支援給付金基準額の合計額（国民年金の満額プラスアルファ）より4万3775円も多い。

「国民年金に比べて生活保護費は多すぎる」とバッシングするときは、このように国民年金の満額プラスアルファと生活保護の「生活扶助基準額＋住宅扶助上限額」といった比較をすることが多い。生活保護や公的年金の制度を確かめれば、この比較の無意味さはすぐに分かる。まず、国民年金の満額プラスアルファはそれだけで暮らしていく想定の金額ではない。それだけで暮らせなければ、労働による収入や貯蓄の取り崩し、近親者からの仕送りなどでしのぐ。年金プアの人が、憲法

高齢年金プアの生活費の原資のイメージ

働ける限りは…	年金収入	賃金	貯蓄の取り崩し
貯蓄がある限りは…	年金収入	貯蓄の取り崩し	
貯蓄も尽きたら…	年金収入	生活保護費	

25条の考え方に沿って最低生活費のラインの生活をすると仮定すると、国民年金の満額プラスアルファは「最低生活費の原資の一部の金額」ということになる。

一方、「生活扶助基準額＋住宅扶助上限額」は最低生活費である。これは、「最低生活費の原資のすべて」と同じ金額だ。従って、最低生活費ラインで生活する年金プアの「国民年金の満額プラスアルファ」と「生活扶助基準額＋住宅扶助上限額」との比較は「最低生活費の原資の一部」と「最低生活費の原資のすべて」との比較と実質的に同じだ。この比較が無意味で馬鹿馬鹿しいのは、誰にでも分かる。

× × ×

次に、高齢の年金プアの生活費の原資が年齢を重ねるごとにどう変わるかを考えてみよう。よくあるパターンを筆者が上図にまとめたので見てほしい。憲法25条の最低生活費レベルで暮らす想定である。

高齢年金プアの多くは「働ける限りは働く」と頑張る。この場合は、最低生活費の原資は「国民年金＋賃金＋貯蓄の取り崩し」というパターンが多いと思う。仕事が完全にできなくなると、賃金収入がなくなり、最低生活費の原資は「国民年金＋貯蓄の取り崩し」となる。さらに年齢を重ねて貯蓄が尽きると、「国民年金＋生活保護」が最低生活費の原資になる。生活保護を選択肢に入れると、こういった家計構造の変化が想定できる。

「貯蓄がある限りは…」の図と「貯蓄も尽きたら…」の図を見比べて

もらえば分かるが、生活保護の利用を始めるというのは、貯蓄の取り崩しの金額が生活保護費に置き換わるだけのことなのである。「年を取って働けなくなり、貯金が尽きても、最後は生活保護を利用すればいい」という心構えがあれば、「健康で文化的な最低限度の生活」をずっと続けることができる。

ここのところは絶対に誤解してほしくない。国は最低生活（健康で文化的な最低限度の生活）を保障する。そして、高齢者の収入の不足を補うのが生活保護費なのである。生活保護費は内容的には「最低生活保障手当」「最低生活保障給付金」である。そのように考えていれば、「生活保護は恥」という気持ちも薄れるはずだ。

しかし、多くの年金プア高齢者はそうした心構えとは対極的な精神状態にある。「生活保護を受けるのは恥」「お上の世話にはなりたくない」「生活が苦しくなったのは自己責任だから…」といった美学のような感情にとらわれている人の比率が高い。死ぬまで生活保護を利用したくはないので、60代から必死になって節約したりする。

「健康で文化的な最低限度の生活」から「文化的な」の4文字の部分が欠けるだけではすまず、「健康で」の3文字の部分が欠ける人も相当に多い。「節約せねば」の意識が強いあまり、病院に行くことまで控える。筆者は、皮膚がんが進行しているのに病院に行くのをためらっていた年金プア女性が、重い病状になってから支援者につながった事例を取材したことがある。年金プアの人たちに向けて「貯金が尽きたら生活保護制度の利用も検討できます」と、政府・自治体・マスコミが積極的に広報すべきだと思う。

先ほど示した世帯タイプ別の生活保護世帯数の表をもう一度見てほしい。今回は高齢者世帯の世帯数の推移に注目してほしい。高齢者世帯は、2008年2月からの13年間で約1・8倍に増えた。かなり顕著な増え方である。2018年7月末の被保護者調査の統計には、年金の受給状況も出ている。それを見ると、高齢者世帯の約65％が年金を受給していた。そして、高齢者世帯の一人当たりの年金受給額は月4万5275円だった。高齢者世帯の中心は「年金だけでは生活が成り立たないので、年金プラス生活保護で暮らしていく人たち」だと分かる。高齢者は全般的に「生活保護は恥」という意識が強いが、それでも命をつないでいくために生活保護を選択する人が増えているのだ。筆者は、生活保護の高齢者世帯の増加傾向は今後も続くと思う。団塊世代の年金プアの人たちが生活保護を利用するケースが今まで以上に増えると考えるからだ。

年金プアの人が、生活保護基準切り下げに喝采を送ったらどうなるか。将来、病気などでその人の貯金が尽きた場合は、その人は生活保護を利用する可能性が高い。「将来の自分の生活水準を低くする政策に喝采を送った」とイコールになる可能性がかなり高いのである。生活保護基準の低下は「健康で文化的な最低限度の生活」のラインが低下することなので、ワーキングプアの人たちや年金プアの人たちにもマイナス。逆に言えば、生活保護基準切り下げへの抵抗運動は、生活保護利用者だけでなく、それ以外の貧しい人たちのプラスにもなる。

危険極まりない「統治のための大衆心理の操縦」

生活保護バッシング報道は国民感情を大きく動かした。自民党の片山議員らは、テレビの力を借りて見事に大衆心理を操縦したと言える。こういった「統治のための大衆心理の操縦」は、危険である。昔から世界各国の政治指導者らが頼りがちなのは、内政のゆきづまりに国民の不満が高まらないよう、外国の脅威を煽ったり、外国への嫌悪感が大きくなるよう仕向けることである。それによって、外国との緊張が高まってしまうことがたびたびある。

特定の人間集団を標的のようにして大衆心理を操縦するのは、差別感情を巻き起こしかねないので、厳禁であるべきだ。実際に、生活保護バッシングによって生活保護利用者が差別視されるような風潮が広まってしまった。被差別部落の問題（同和問題）を思い起こせば、生活保護バッシングの罪深さが感じられると思う。江戸時代に幕府は、農民の下に「穢多・非人」という賎民階層を固定化させた。生活が苦しい農民も「われわれよりまだ下の人間がいる」という歪んだ優越感が持てた。この構図が明治以降の深刻な非差別部落問題につながった。

生活保護バッシング報道が、国民感情を「大錯覚状態」にさせたことも指摘せねばならない。今でも「役所の対応が甘いから不正受給が非常に多い」と思っている国民は多い。ところが、現実は「役所の対応は厳しく、不正受給はそれほど多くなく、生活保護が利用できる人のほんの一部しか利用していない」という状態だ。「生活保護は恥」「生活が苦しいのは自己責任」といった心理が幅広く浸透していて生活保護の申請を思いとどまる人が非常に多いのである。

いのちのとりで裁判の名古屋地裁判決について、国民感情の部分を考えてみよう。判決は、自民党の政策に影響を受けて厚労相が生活保護費を大幅削減したことを容認した。そして、補強の理屈として「自民党の政策は国民感情や国の財政状況を踏まえたもの」と説明した。ところが、「国民感情」は正常ではなかった。自民党が誘導したような形で生活保護バッシング報道が過熱し、生活保護についての国民感情は「生活保護の実態を激しく誤解した著しく歪んだ国民感情」と化していた。名古屋地裁判決の理屈だと「特定政党が国民感情を顕著に歪ませて大錯覚状態にさせ、その国民感情に基づいて特定政党が担当省庁に圧力をかけて間違った政策決定をさせる」というプロセスが容認されてしまう。名古屋地裁の裁判官の判断が正しくないことは多くの人に同意していただけると思う。

「著しく歪んだ国民感情」を正常化していくには、誤解を地道に正して「大錯覚状態」を解消していくしかない。

これまでの生活保護基準裁判

生活保護をめぐる裁判の大半は、行政が被告の「行政事件」である。中でも、原告が勝訴するのが極めて難しいのが生活保護基準の在り方を問う行政裁判である。政府の政策に直接関わるので、原告を勝たせることに裁判官が慎重になる。このパターンの裁判では、1957年に提訴された朝日訴訟があまりにも有名だ。岡山県の重症の結核入院患者だった朝日茂さんが原告だった。

当時の生活保護の入院患者日用品費は月600円。朝日さんは、その金額では下着や石鹸、歯ブラシなどの日用品を賄うことが大変だった。給食を食べられない体調のときもあったので、仲間で鶏を飼って卵を分け合って食べたりしていた。朝日さんは、600円は「健康で文化的な生活」に充分な日用品費とは言えず、憲法25条や生活保護法に違反すると主張。栄養補給のための補食費も必要だと訴えた。

当時は日本はまだ国民全体が貧しかったが、朝日さんの暮らしぶりが特に厳しいことは東京地裁の裁判官にも伝わった。それを反映し、東京地裁は1960年に原告勝訴の判決を言い渡した。判決は「国は憲法25条に基づいて『健康で文化的な生活』を積極的に保障する施策を行うべきだ」と強調。「最低生活水準を決めるときは、予算の有無によって決めるのではなく、むしろ、予算を指導・支配するべきだ」といった判断も示した。

朝日訴訟は、東京高裁の控訴審は原告敗訴、最高裁の上告審は「本人死亡により終結」という形で終わった。終結は1967年。10年もの法廷闘争は、社会保障全体で見ても非常に大きな好影響を与えた。朝日訴訟は、憲法を暮らしの向上に生かす運動の原型となり、また、「人間らしい生活を追求する視点」を確立させた。生活保護利用者の生活水準も向上。生活扶助基準は、東京地裁判決の翌年から20年以上も上がり続けたのである。

× × ×

生活扶助基準をめぐる裁判闘争は、2005年に再開した。各地の地裁で提起した集団的な裁判であり、原告側は「生存権裁判」と命名した。すべて終結したのは2014年だった。問題になったのは、生活扶助費に加算されていた「老齢加算」と「母子加算」の廃止である。

70歳以上の高齢者が対象だった老齢加算は、段階的に削減されて2006年に全廃になった。大都会で一人暮らしの場合だと、加算額は約2万円だったので、高齢の生活保護利用者への打撃は強烈だった。当事者からは「冠婚葬祭に行けなくなった」といった悲鳴が上がった。一人親世帯が対象だった母子加算も段階的に削減され、2009年で全廃となった。

老齢加算廃止の行政処分の取り消しを求める裁判は、東京や福岡など9地裁で提起された。母子加算廃止の行政処分の取り消しを求める裁判も、京都や広島など5地裁で提起された。生存権裁判の原告数は100人を大幅に上回った。原告側の敗訴が続いたが、福岡高裁の控訴審で2010年に勝訴判決が出た。また、母子加算の裁判は、当時の民主党政権が2010年に母子加算を復活させたため終わった。

× × × ×

「いのちのとりで裁判」は、2014年に始まった。生活扶助基準の本体の改定であったことや、切り下げ率が平均6・5％という大幅なものだったことから、原告数が約1000人にも上る大がかりなものになった。全国の29地裁で提訴されたので、各地に弁護団や支援者組織ができた。さいたま地裁では、原告本人が弁護士をつけずに法廷での審理に臨む「本人訴訟」も平行して進んだ。

判決第1号になった名古屋地裁で原告側の証人を務めたのは、原告本人が5人と、いわゆる専門家証人が4人。静岡大学学術院人文社会科学領域経済・経営系列教授の上藤一郎さん、筆者、日本福祉大学社会福祉学部准教授（現・同大教授）の山田壮志郎さんの3人がデフレ調整についての見解を述べた。上藤さんは統計学の権威であり、ゆがみ調整についての見解も説明した。

もう1人の専門家証人が原告側に味方したことは、被告側には衝撃だったと思われる。貧困研究の第一人者と言われる日本女子大学名誉教授の岩田正美さんだ。岩田さんは、2013年の生活扶助基準改定案を議論していた生活保護基準部会で部会長代理を務めていた。

判決第2号の大阪地裁判決が勝訴だったのは、原告側からみれば歴史的な快挙だ。生活扶助基準をめぐる原告側勝訴は2010年の福岡高裁以来で11年ぶり。生活扶助基準の本体についての原告側勝訴となると、1960年の東京地裁以来で実に61年ぶりだ。原告側関係者の地道な努力の積み重ねが花開いた。

裁判の論点

①裁量の幅はどれだけ広いか

行政事件では「行政の裁量の幅がどこまで広いか」が決定的に重要な論点である。生活扶助基準の改定は、厚生労働大臣が改定案の内容を検討して決定し、告示の形で実施できる。しかし、裁判官が裁量権の逸脱や濫用があったと判断して、そのような趣旨の判決を下せば、基準改定の行政処分を取り消すことができる。裁量の幅が広ければ広いほど裁量権の逸脱・濫用が起きにくい理屈である。

名古屋地裁では原告側は「厚労大臣は、生活扶助基準の改定に当たっては、生活保護法8条2項所定の事項を考慮することが義務づけられている」と強調。「国の財政事情、国民感情、政権与党の公約など生活保護法8条2項や9条に定められた事項以外の事項を考慮してはならない」と主張した。

これについて判決文の118頁～119頁が「自民党の政策は、国民感情や国の財政事情を踏まえており、厚生労働大臣がこれらの事情を考慮することができることは明らか」といった判断を示した。この判断のもとになっているのが、裁量権を極めて広く認めた裁判官の考え方だ。判決文の71頁～72頁に次の文章がある。筆者はここを読んで驚いた。

「憲法25条の規定を保護基準として具体化するに当たっては、高度の専門技術的な考察とそれに基づいた政策的判断を必要とするものであり、厚生労働大臣が保護基準を設定するに当たっては専門技術的かつ政策的な見地からの裁量権が認められるというべきであるところ、前記の政策的判断においては、国の財政事情、他の政策等の多方面にわたる諸事情を広く考慮する必要があり、前記の厚生労働大臣の裁量権もそれらの諸事情を広く考慮して行使されるべきであると解される。このような生活扶助基準の設定における厚生労働大臣の裁量権の性質に照らすと、厚生労働大臣がこれを行使するに当たり、生活保護法8条2項所定の事項を考慮することが義務付けられるということはできず、他方で、同項及び9条に定められた事項以外の事項を考慮することが許されないということはできない。」

裁判官が「裁量の幅がものすごく広いから生活保護法は守らなくていい」といった言い回しをしていいのだろうか。これがOKなら、行政はどんな分野でも「裁量の幅が広いのだから」と言って、行政処分の根拠になる法律を守らずに行政処分ができてしまう。

×　×　×

老齢加算廃止に関する裁判では、最高裁判所が生活保護基準の改定の際の行政の「高度な専門技術的な考察」について判断規範を示した。「『統計等の客観的な数値等との合理的関連性や専門的知見との整合性』の有無について裁判所が審査判断すべきだ」という内容だ。名古屋地裁の判決文では、この文言があまり登場しない。特に、デフレ調整の部分では、この文言が出てこない。

筆者は、デフレ調整については「統計等の客観的な数値等との合理的関連性」も「専門的知見との整合性」も全くないと確信している。厚労省の物価偽装は「意図的な事実誤認」。事実誤認の根拠に基づいて下した行政処分だから、明確な「裁量権の逸脱・濫用」だと思う。

裁判の論点②行政処分に至る手続きは適正か

行政処分の取り消しを求める裁判では、行政手続きに問題がなかったかどうかも重要な論点だ。

いのちのとりで裁判では、この論点は原告側が攻めやすかった。ゆがみ調整は社会保障審議会生活保護基準部会で議論されたが、デフレ調整は同部会でまったく議論されていなかったからだ。

名古屋地裁では、岩田正美さんが証言台で経緯を説明した。デフレ調整について「容認などはしていません。そのことの議論もしていないわけですから」と強調。原告側証人を務めることになった気持ちについても率直に打ち明けた。分かりやすい2カ所を紹介する。次の通りである。

「財政削減のために私たちは利用されたのかもしれないというのは、ちょっと変な言い方ですけれども、常設部会は、ちょっと便利に使われちゃったかなというようなことで、常設部会があろうとなかろうと、やることは同じだったかもしれませんけれども、私個人としては非常に残念な思いがしています」「私も、委員を辞めまして、振り返りますと、なんといいますか、じくじたる思いというのが非常に強くありまして、そのようなことから、今日ここに出てくることを決めたわけです」

名古屋地裁判決では、手続きの論点はどうだったのか。判決文の73頁に次のくだりがある。「生活扶助基準の改定に当たっては専門家により構成された審議会等による検討結果を踏まえて行うことが通例であったということができる」。事実関係はあっさり認めた形。しかし、すぐに「別にいいじゃん」の理屈を展開した。

「厚生労働大臣が保護基準を改定するに当たって社会保障審議会等の専門家の検討を経ることを義務付ける法令上の根拠は見当たらず、（中略）社会保障審議会等の専門家の検討を経ていないことをもって直ちに生活扶助基準の改定における厚生労働大臣の裁量権が制約されるということはできない」

「法令上の根拠が見当たらない」という一点だけを頼りに原告側の主張を切り捨てたのである。

政府の各省庁は、「審議会」「委員会」「検討会」などを設けて有識者の意見を聞いて政策を作っている。その有識者らが、名古屋地裁の判決文のこのくだりを読んだら、「われわれの議論は結局はどうでもいいのか」と、脱力感を覚えるのではないか。

裁判の論点③秘密のまま実施した「2分の1操作」

生活保護基準部会の報告案の公表は２０１３年1月18日。それから3年5ヶ月後の２０１６年6月18日、北海道新聞朝刊に生活保護に関する特ダネ記事が大きく掲載された。メイン見出しは「厚労省 半分に抑制」。

ゆがみ調整については、生活保護基準部会の委員らの意見も聞いて同部会の報告書案がまとめられた。ゆがみ調整の結果は、生活保護世帯のパターンによって、増額になることも減額になることもある。その増額幅や減額幅を委員らにも黙って、厚労省が一律2分の1に抑えていたのである。厚労省は3年余りの間、2分の1操作のことを秘密にしていた。北海道新聞が情報公開請求で厚労省の内部資料を入手して記事を掲載。初めて2分の1操作が明るみに出たのである。

2分の1操作は、多くの生活保護利用者に実害も与えた。生活保護世帯全体で考えると、2分の1操作を追加したことによって、生活扶助費が大幅削減されたのである。生活保護世帯で最も多いのは、高齢者の一人暮らしのパターン。生活保護基準部会の検証結果ではこのパターンは増額の傾向だったが、2分の1操作の追加とデフレ調整により、実際に増額となった世帯はわずかにとどまってしまった。２０１３年当時、生活保護世帯全体に占める60歳以上の単身世帯の割合は約53％。この数字だけ見ても、厚労省が秘密裏に2分の1操作を加えたことで、大多数の生活保護世帯に大きな不利益を与えたことは明らかだと言える。

　各地のいのちのとりで裁判でも、原告側は2分の1操作について手続きと内容の両面の欠陥ぶりを強調しているが、名古屋地裁判決は被告側の主張をなぞって原告側の主張をあっさり退けた。

× × × ×

　ゆがみ調整の2分の1操作にデフレ調整が重なって、生活保護世帯の約96%が減額改定になった。そのカラクリを理解しやすくするためのモデルも筆者が考えたので、紹介する。基準改定前の生活扶助が月額８万円で、２分の１操作をする前のゆがみ調整では８%増額になる世帯のケースだ。ゆがみ調整の計算は、実際にはかなり煩雑な形になっていたが、このモデルケースでは簡略化して示した。厳密な計算ではないことは了解していただきたい。上の図を見ながら読んでほしい。

　２分の１操作やデフレ調整をしない計算では、改定後の生活扶助月額は「８万円×１・０８」という計算で８万６４００円になる。一方、２分の１操作とデフレ調整をした計算では「８%増額」は２分の１操作で「４%増額」に変わるので、ゆがみ調整では「１・０４」の倍率を掛けることになる。さらに、デフレ調整については生活扶助相当ＣＰＩの下落率の４・７８%を反映させる。厚労省は４・７８%を四捨五入した４・８%という数字で計算した。４・８%の下落は倍率で言えば、「１－０・０４８」の「０・９５２」ということになる。

　結局、ゆがみ調整と２分の１操作、デフレ調整を反映させると、改定

基準改定前の生活扶助費の月額が8万円で、
ゆがみ調整で8%増額になる人のケース

①そのままの計算
8万円×1.08＝86400円

⇩

②2分の1操作とデフレ調整を実施した計算
8万円×1.04×0.952＝79206円

後の生活扶助額は「8万円×1・04×0・952」という計算で7万9206円になる。元の8万円を割り込んでしまう。

裁判の論点④デフレ調整は「最悪の統計不正」

ゆがみ調整の2分の1操作とデフレ調整は、生活扶助の予算額をできるだけ大きく削ろうとした「数字を使った手品」のようなものだ。影響がより大きかったのはデフレ調整。物価スライドの根拠となる物価下落率を意図的に大幅に膨らませた「物価偽装」だから酷い。政府がこれまでに実行した統計不正の中でも「最悪レベルの統計不正」である。従って、いのちのとりで裁判の各地の弁護団は、デフレ調整についての主張に力点を置いた。名古屋地裁の裁判でも同様だ。

物価偽装については、筆者の研究などにより、事実関係はほぼ究明できたと思う。大阪地裁判決は実質的には物価偽装を認めた内容だった。それについては後述する。フリーライターの石黒好美さんと筆者の対談も合わせて読んでほしい。また、物価偽装のカラクリについては懇切丁寧に解説し、「誰でも分かる物価偽装教室」（風媒社）というブックレットを別に出版した。物価指数の計算構造について分かりやすく解説したテキスト類は皆無に近いので、ユニークな試みと自負している。

詐欺的行政まで裁量の範囲内なのか

筆者は2020年9月、北海道新聞の本田良一編集委員と面会した。2分の1操作の特ダネ記事を書いた本人である。本田さんは「厚労省が生活保護基準部会の委員らに黙ってやったことに驚きました。ゆがみの是正も不十分になるわけで、酷いと思います」と説明した。筆者と本田さんは「デ

単身生活保護世帯の項目別平均支出額										
	消費支出総額	食料	住居	光熱・水道	家具・家事用品	被服及び履物	保健医療	交通・通信	教養娯楽	その他
2018年度	100574	30801	29878	9886	4271	2778	2970	7684	4719	7588
2017年度	103875	30849	30374	9758	4432	2862	2978	7530	5084	10007
2016年度	105564	31901	32997	8531	4290	2714	2107	7432	5316	10276
2015年度	109860	32072	34485	8832	4199	2746	2021	7685	5821	11998
2014年度	103882	32151	30434	10157	5382	2921	2131	7013	4926	8766
2013年度	104877	31233	32420	9645	4201	2827	1968	7122	4809	10651
2012年度	104883	30971	32232	9660	4065	2821	2120	6715	5571	10728

(各年度の社会保障生計調査から筆者が作成、単位は円)

フレ調整だけでなく2分の1操作も詐欺的行政だ」と意見が一致した。筆者は「詐欺的行政が裁量の範囲内であるはずがない」と考えている。

いのちのとりで裁判の原告側関係者は、デフレ調整やゆがみ調整の2分の1操作について、裁判所の外では「詐欺的行政だ」とアピールすればいい。

裁判の論点⑤「最低限度の生活」の捉え方

いのちのとりで裁判では、生活保護利用者の生活実態も重要な論点だ。筆者は「健康で文化的な最低限度の生活」はできていないと思う。ただ、原告側がそれを立証していくのは難しい。まず、厚労省が毎年、生活保護世帯を対象に実施している「社会保障生計調査」を見てみよう。上の表で各年度の単身世帯の平均支出額のデータを示す。金額は、月間の平均支出額である。

各年度で大きな違いはないので、単身の生活保護利用者の支出傾向が概ねつかめる。まず、月間の消費支出の総額は10万円余りである。食料の支出額は3万円～3万2000円程度だ。これは1日当たりにすると、おおよそ千円。「単身の生活保護利用者の食費は1日千円余り」というのは、近年ずっと変わりがない。住居費はアパートなどの家賃。これも月3万円強の金額で推移している。教養娯楽費は、各年度とも月5千円前後である。消費支出総額に占める教養娯楽費の割合は4～5%台。一般世帯平均だと、この数字は概ね10%を超す。教養娯楽費の支出割合の低さは「文化的な生活」のレベルが低いことを示している。

多くの生活保護利用者が「人づきあいのためのお金が足らない」とも嘆く。統計を見ても、生活保護世帯は一般世帯に比べて冠婚葬祭費や交際費の支出割合が格段に低いことが確かめられる。「遠方の親戚の法事に行きたいが、交通費が高いので行けない」といった類の話である。多くの生活保護利用者は、電気製品の不具合についても嘆く。洗濯機や冷蔵庫などの調子が悪いが、「買い換える資金がなかなかたまらない」と言う。

ところが、名古屋地裁の判決文122頁は「本件各告示による生活扶助基準の改定前後における生活保護受給者の生活が最低限度の生活を下回っていたと認めることはできない」と断じた。裁判官は、判断の理由を長めに書いている。その一部を紹介しよう。次の通りだ。

「さらに③についてみると、③の調査は、全日本民医連が、生活扶助基準の引下げに反対する立場から、国の予定する生活扶助基準の引下げの影響を明らかにして引き下げの撤回を求める目的で行ったものであり（乙全55）、①の調査と同様、調査の客観性、公平性、中立性に疑問の余地がある。また、③の調査結果によれば、約66%の者が1日の食事回数が3回であり、約39%の者が食事内容に満足している。約39%の者が娯楽やクラブ活動への参加を行うなど（甲全134）、必ずしも健康で文化的な生活を下回っているとまではいえない者が一定割合存在することがうかがわれる。」

原告側が示した生活保護利用者の生活実態に関する調査について「公平性がない」と軽視する姿

勢を見せる。それなのに、調査の一部を判決文の中でわざわざ紹介する。判決文を読む限りでは、裁判官は調査の中の「1日の食事回数が3回かどうか」を重視していた。「60％台の人が1日3食食べられているのだから、まあいいだろう」といった裁判官の貧困観は、筆者には時代錯誤に思える。今は、ほとんどの人が貧しかった終戦直後ではない。

行政の使命感はどこに行ったのか

1950年の生活保護法制定当時の厚生省社会局保護課長は、小山進次郎さんだった。小山さんは「生活保護法をしっかり作ろう」という強い使命感を持っていたと思える。小山さんの著書「生活保護法の解釈と運用」の168頁で小山さんが当時の状況を振り返っている。次の通りだ。

「保護の基準を法文上明確に規定することができないとすれば、その決定に対し、国民の声を反映させるために特別の審議会を設けようという意見が極めて強力に衆参両院から述べられた。両院の公聴会における意見にもこれに触れているものが多かった。この意見には傾聴に値するものがあったが、厚生省当局側としては、保護の基準は飽く迄合理的な基礎資料によって算定さるべく、その決定に当り政治的色彩の混入することは厳に避けらるべきこと、及び合理的な基礎資料は社会保障制度審議会の最低水準に関する調査研究の完了によって得らるべきことを説明し、且つ、社会事業審議会に部会を設け実際の運用に当りその趣旨を生かすことを言明して了解を得た次第であるが、問題は残っているようである」

「生活保護法の産みの親」ともいえる小山さんが「社会事業審議会に部会を設け実際の運用に当りその趣旨を生かす」と約束していた事実は重みがある。さらに、名古屋地裁判決の関連で強く注目すべきなのは「その決定に当り政治的色彩の混入することは厳に避けらるべきこと」という文言である。

2013年の生活扶助基準改定の際の厚労省社会・援護局保護課はどうだったか。自民党の圧力に屈して、生活保護基準部会でまったく議論されていなかった「ゆがみ調整の2分の1操作」「デフレ調整」を実施して、生活扶助基準の大幅切り下げ案をまとめてしまった。小山さんが尊重する姿勢を示した審議会の部会をコケにし、小山さんが「厳に避けらるべき」と強調した「政治的色彩の混入」をやすやすと受け入れたのである。

司法の使命感はどこへ行ったのか

日本各地の裁判官には「ヒラメ裁判官」が多すぎる。ヒラメの目は上しか見られない。ヒラメ裁判官は、上司や最高裁など上の存在ばかり見る裁判官だ。「政権が困るような判決を下すと最高裁が嫌がるだろう」などと考えて、政権に都合のいい判決を下す。各地の裁判官がどこに転勤するかといった人事権は最高裁にある。司法の世界では「最高裁の人事統制によって裁判官の多くがヒラメ裁判官になっている」という話が広まっており、筆者は「真実性が高い」と判断している。

名古屋地裁の「いのちのとりで裁判」の判決文の最後の最後に角谷昌毅裁判長の名前がある。角谷氏は2011年4月から2015年3月まで最高裁調査官を務めていた。その角谷裁判長の名前の前に「裁判官佐藤政達は、転補につき署名押印することができない」という記載がある。角谷裁判長の下の右陪席裁判官だった佐藤氏は2020年4月1日付けの人事異動で、最高裁調査官に転じた。最高裁調査官は、最高裁の裁判官の審理を補佐するのが役目。エリートの裁判官の中でも特別なエリートだ。角谷氏はそのポストを経由した人であり、佐藤氏はそのポストに不当判決が出る少し前に就いた。また、佐藤氏の2014年4月から2016年3月までのポストは「最高裁総務局付」だった。角谷氏や佐藤氏の経歴を確かめてみた結果、筆者は「角谷氏や佐藤氏は典型的なヒラメ裁判官なのではないか」という疑念を強めた。

裁判官のほとんどがヒラメ裁判官であるならば、日本社会としてのマイナスが極めて大きい。立法、行政、司法の三権分立の一翼を担っているのが司法であり、裁判所は「人権保障の砦」であるからだ。立法や行政によって人権侵害が発生したとき、司法がチェックして是正しなければ、司法の存在価値が薄れてしまう。

そういった裁判所の現状を踏まえて、原告側はどうすればいいのだろうか。筆者は、裁判闘争を最大限頑張りつつ、マスコミや国会議員にも物価偽装のカラクリをしっかり説明して、「最悪の統計不正である物価偽装を大きくクローズアップさせる」ことが急務と考えている。

インタビュー

生活保護法は「希望に満ちた法律」です

——今こそ、その原点に立ち返る時

内河惠一◉弁護士／生活保護基準引き下げ反対訴訟・名古屋弁護団長

四日市公害訴訟や名古屋新幹線公害訴訟、そして生活保護行政に大きな影響を与えた「林訴訟」、そして自衛隊イラク派兵差止訴訟、朝鮮女子勤労挺身隊訴訟、朝鮮高校無償化訴訟、安保法制違憲訴訟等に関わり、生活保護基準引き下げ処分取消訴訟の名古屋裁判弁護団長でもある内河惠一氏は、50年にわたる自らの弁護士人生を「日本の歴史の〝負〟の問題」に関わってきたと語る。

ニュースで大きく取り上げられ、社会に大きな影響を与える運動や裁判。それゆえに「『運動家』のような特別な人がやっていること」「自分とは遠い世界のこと」と捉えられてしまいがちではないだろうか。

氏のこれまでの活動を聞くと、私たちが当たり前に受け取っている快適な暮らしも、平穏な毎日も、声を上げた人たちが粘り強く訴え続けてきたことの成果だと実感する。

「憲法は毎日の食べること、学ぶこと、楽しむこと、生きることすべてに深く関わっている」とまっすぐに語る内河氏。私たちは、この言葉をこれからの時代に残していけるだろうか。

生活保護制度が私の「自立を助長」してくれた

内河　僕は昭和13（1938）年、浜松市生まれです。B29の空襲で家を焼かれ、知人を頼って、ミカンで有名な浜名湖の北にある三ケ日町に疎開したのが、昭和20（1945）年のことです。4月に三ヶ日町国民学校初等科第1学年に入学しました。中学を卒業してからは、経済的理由もあって、最初は3ヶ月ほどソロバン塾で助手として働きました。その後中学校の図書室職員となって、ほぼ4年間中学校に勤務しながら、夜は三ヶ日高校の定時制高校に通いました。

高校4年の時に母が脳溢血で倒れ、お金のない我が家ではリハビリ療養もできず、結局、母はそれから亡くなるまでの10年間、寝たきりの生活を強いられることになりました。僕自身は定時制高校卒業後、3ヶ月ほど三ヶ日高校の用務員を勤め、その後は同校の事務助手として正式に静岡県職員として勤務することになりました。

でも、2年くらいして大学に進学して勉強したいと思うようになったんです。独学で中央大学の法学部（夜間部）に合格したものの、やはりお金がない。大学の入学金等などは、中学時代の校長先生にお借りしたり、友人、知人からの餞別で何とかまかなうことができました。

東京では高校の先生に紹介していただいた、住み込みの「家事手伝い」の仕事から始まり、その後も職を転々としながら、辛うじて学費と生活費を捻出しました。ひと月に3000円ほどを病身の両親に仕送りして、まさに最低レベルの生活の日々に甘んじていました。

そんな時、地元の民生委員さんが、僕の両親に「生活保護を利用してはどうか」と勧めてくれたのです。寝たきりの母を病弱な父が看病しているのが目に止まったのでしょうね。僕は、この時初めて「生活保護」という制度を実感しました。それが昭和35（1960）年、僕が22歳の時です。でも両親は、生活保護を受けるかどうか、すぐには決断できなかったようです。「恵一に嫁が来なくなってしまうかもしれない」なんて母の手紙には書いてありました。

石黒　当時から、生活保護の利用には後ろめたさを感じる風潮があったのでしょうか。

内河　田舎だったせいかもしれませんが、日常生活で生活保護が話題になるようなことはありませんでした。それでも、母が僕の嫁のことを気にしたくらいですから、国から生活費を支援してもらうことに対する「引け目」は、日本人の心の中にしっかりと根付いていたのかもしれません。

当時はまだ日本全体が貧しい時代で、子どもを高校に行かせられない家庭も珍しくありませんでした。そして、私の家族から夜間部とはいえ大学生が出ることは奇跡的なことでした。息子に勉強をさせてやりたい、でも父と母の医療費だけでも大変、という状態でしたから、母はとても迷ったのでしょう。その後4年間、家族は生活保護を利用しました。僕の「自立助長（生活保護法第1条）」のためには大きな支えになり、生活保護法に対して今でも深い感謝の気持ちを持ち続けています。

「恩返し」のために弁護士に

内河　僕が大学を卒業してすぐの5月、父が亡くなりました。これからは僕が母の介護をしなければと、田舎へ帰る覚悟をしていたんです。そうしたら、姉の夫がお義母さんの面倒を見ると言ってくれました。

僕は東京で働いていたのですが、母の面倒を義兄と姉に任せることによって、すごい開放感を覚えました。そこで初めて、自分の生き方を真剣に考える余裕ができたと言っても良いでしょうね。これからどうしようと考えたとき、とにかく僕の小さい時から、僕も家族も物心両面で、ずっと周りの人のお世話になりっぱなしだったなと振り返りました。

だから、その恩返しをしたいと思ったんです。とはいえ、お世話になった方の内には亡くなった方もいらっしゃいます。亡くなった方には返せないけれど、どこかへ頂いた恩は返したいと考えました。一生懸命考えた結果、人に恩返しができる仕事として、思いついたのが弁護士でした。弁護士になるための試験では、学歴も問われないし、コネもいらない。26歳ともなれば若いとはいえない、お金もなく、大した勉強もしてこなかったけど、頑張ればなんとかやれるのではないかと。

石黒　勉強して、司法試験に合格すれば良いと。

内河　僕は夜間部とはいえ、中央大学の法学部を卒業しましたので、ある程度法律を学ぶ方法は知っていました。あとは「受験料の千円があれば弁護士になれる」というのが信念だったからね（笑）。ただ、義兄が面倒を見てくれているとはいえ、母への仕送りはしたいから、普通の仕事をしながら勉強するわけです。そう簡単に受かる試験ではないとも承知していた。だから、20年かけて合格しようと思ったの。50歳で弁護士になって、その後5年間、社会に恩返しして55歳で人生を閉じる。これが当時の僕のライフ・プランだった。

石黒　でも、30歳になる頃には司法修習生になられていますね。

内河　そう、まさにまぐれで合格してしまったんです。朝トイレで本読んでたら、それが試験に出たとか、そんな具合でしたね。（笑）

いざ弁護士になったら、具体的にどんな仕事をしていこうかと考えた。僕は大学在学中から司法試験に合格するまで7年間ほど、アメリカ人の主宰するキリスト教会関係の組織で働いていました。その職場では英語が常用語でした。英語を生かして弁護士活動というのも一つの方法としてあったんです。

石黒　たとえば、英語力を生かして国際的な企業の法務に関わる弁護士……なんて、かっこいいですよね。

内河　だけど、司法修習生の時に名古屋に来て、三重県の四日市公害の患者の人たちと出会った。そこで僕の人生は決まったんですよ。公害患者の人々に寄り添うことが、僕が考えていた「恩返し」だと自覚したということですね。

もう一つ心にあったのは聖書の中の「99匹と1匹の迷える羊の物語」です。「100匹の羊の群れから1匹が迷い出たとき、迷い出た羊を探し出した羊飼いは、迷わずにいた99匹よりも、その1匹のことを喜ぶだろう。」というたとえ話です。僕自身もずっと「1匹の迷える羊」として、多くの人たちに助けられてきたのだから、今度は自分が迷える羊を探し求める仕事をしようと考えた。この迷える羊の話は「どんな人のどんな小さなことでも軽んじてはいけない」という意味でもあるんですね。

住民の声をあらゆる手段で伝えていく──四日市公害訴訟

石黒　私は小学校の時の社会の教科書で四日市公害訴訟を知りました。歴史的な出来事だったんですよね。当時はまだ「公害」自体がほとんど知られていなかった頃ではないでしょうか。

内河　１９６０年代、ちょうど高度経済成長期のまっただ中です。戦後の焼け跡から復興して、紡績業から重工業へと大きく日本の産業が変わっていく時でした。四日市コンビナートは新しい時代の象徴と言える存在だったんですね。コンビナートというのは、関連する企業を集中させるという、最も効率の良い産業構造でした。しかし、集まった工場が操業し始めると程なくして、町に異臭が漂いはじめ、急にぜんそくの患者が増え出した。

石黒　めざましい発展の一方で、大気汚染やそれに伴う健康被害も発生してしまったと。

内河　公害が全国的な規模で深刻化したのは、やはり急激な重工業化によるものです。足尾銅山等の歴史はありますが、このような環境汚染は日本にはほとんど前例のないことでした。だから「工場の煙のせいでぜんそくになった」といっても、簡単には因果関係が掴めなかったんです。

石黒　四日市公害訴訟では、弁護団の皆さんが様々な手法を駆使してご苦労を乗り越えたとお聞きしました。

内河　三重大学の吉田克己先生は、疫学的手法を使って発病と排煙の因果関係を立証しようと果敢に取り組まれました。病気の原因とメカニズムを明らかにするために病理学があります。人の身体の変化を見て、病気の原因や病変の仕組みを調べるものです。しかし、かつては白砂青松と言われた四日市の浜の住民にぜんそく患者が激増したことに対して、コンビナートの排煙が運ぶ亜硫酸ガスが原因だとは即座に言い切れませんでした。ぜんそくは、四日市コンビナートの周辺に限らず存在する病気であり、「工場の排煙が原因だ」と病理学的に証明することは非常に難しかった。

そこで、公衆衛生学の分野である疫学が活躍することになった。吉田先生がおっしゃるには、近代疫学は19世紀にコレラが流行した時に始まったそうです。当時はまだコレラ菌すら発見されていなくて、何をどうしたら感染予防ができるか分からなかった。でも、ある医師が患者の多い都市の調査をした。聞き取りをしたり、具体的にどの地区に患者が多いかをマッピングしたりしたそうなんですね。そして「汚染された水を飲んでいることが原因ではないか」という仮説を立てた。そして、実際に感染源ではないかと目星をつけた井戸を使えなくしたら流行は収束した。

病原菌も、それがどう伝染するかも解明されていないのに、感染源と疾病との因果関係を証明することができる。とても分かりやすく、説得力のある証言にすごさを感じました。

四日市公害訴訟も疫学的手法で勝ちました。どの時期、どのような風向きの時にどこに患者さんが多く発生するか。徹底的に住民のアンケートや聞き取り調査をして調べた。すると夏と冬では地域によってぜんそくの発症状況が明らかに異なる。コンビナートを境に、それぞれ反対の地域で患者さんが増えている。季節によって風向きが逆になるからなんですね。コンビナートの煙がやはり原因ではないかと。住民への調査の結果を駆使した疫学的手法で因果関係を証明するというのは、医学の世界でも必ずしもメジャーなやり方ではなかったようです。原告側の弁護団はなんとか公害患者の声を届けようと、学者の皆さんの協力を得ながら、前例のない方法や立証の仕方にもチャレンジしていったんですね。

石黒 先生のお話をうかがって、生活保護基準引き下げ反対裁判を思い出しました。私は初めて裁判を傍聴したのですが、弁護士さんだけでなく、原告とともにいろいろな専門家が証人として、それぞれの視点から「何が正しいか」「どうあるべきか」を議論しながら作り上げていくのが裁判なのかなと感じました。

内河 四日市公害訴訟では民法719条の「共同不法行為責任」という条文の解釈が重要な論点にな

りました。「数人が共同の不法行為によって他人に損害を加えたときは、各自が連帯してその損害を賠償する責任を負う。共同行為者のうちいずれの者がその損害を加えたかを知ることができないときも、同様とする。」という短い条文です。

コンビナートで操業していた企業6社を相手取って起こした裁判ですが、6社の中には大量の排煙を出している工場もあれば、銭湯のような小さな煙突しかないところもありました。そもそも工場を動かして排煙を出したことが不法行為か否かということに加え、6社が共同して行ったことといえるのか。原告側は、コンビナートという性格から6社に連帯責任があることを重視していました。もちろん、被告側からは分割責任論も持ち出されました。

6社の連帯責任は認められるのか。719条をどう解釈すべきか。民法の教科書には解説はあるけれど、いざ現実の訴訟となった時に参考にできる具体的な記述はありませんでした。そんな中で原告弁護士らは、様々な論文を証拠として出し、議論を闘わせました。未だ未成熟であった公害理論構築に向けた先輩弁護士達の必死な挑戦に、若かった私は「まさに生きた裁判を目の当たりにしている」という強い感動を覚えたものです。この判決以降、民法の教科書で719条の解説は非常に詳細になりました。

石黒　法律の条文にこめられたねらいや理想に照らして、現実に起こっていることの意味やあるべき姿を確認していく作業なのですね。なんだか裁判に対するイメージが変わりました。

裁判をすると技術が発展する──名古屋新幹線公害訴訟

内河　当時は四大公害訴訟といって、富山のイタイイタイ病、新潟の水俣病、熊本の水俣病、そして四日市と、公害の問題が各地で闘われていました。
でも、先ほども申し上げたとおり、日本のめざましい経済成長のエネルギーが噴出した結果でもあったんです。ちょうど昭和39（1964）年10月に東京オリンピックがあって、そのタイミングに合わせて東海道新幹線も開通しました。

石黒　先生は四日市公害訴訟と同じ時期に、名古屋新幹線訴訟にも関わられていますね。

内河　僕は大学生の時に東京から初めて新幹線に乗りました。今までの電車とは比べものにならない速さと快適さ。何よりも、連結器のぶつかる音もなく知らない間に走り出していたことにびっくりしましたね。新幹線はまさに世界に冠たる素晴らしい公共交通機関だとの印象を強く持ちました。
四日市公害訴訟が終わり、一年間、患者救済のシステム作りのための行政交渉を終えた頃です。友人弁護士の誘いもあって、新幹線沿線に住んでおられた方のお話を聞く機会がありました。当時の中日球場の近くの線路沿いのお宅に泊まらせても頂きました。中日球場といえば名古屋駅に近く、新幹線もかなり減速しているはずですが、とても住んでいられないようなすさまじい騒音と振動にびっくりしました。特にお年寄りや乳飲み子には耐えられない。こんなことでは「世界に冠たる」なんて言えないじゃないかと。新幹線に対する考え方が完全にひっくり返ってしまいました。

白井　当時の新幹線の騒音はすごくて、名古屋市だと中川区や熱田区、南区の辺りまで、広範囲で問題になっていたんですよね。

内河　少しオーバーな言い方をすれば、二階の窓から手を伸ばせば届くくらいの近さを新幹線が走っていましたからね。飛行機と同じくらいの大きな音が出ているのに。しかも、今のような防音壁も無かった。

石黒　えっ、新幹線の防音壁は最初からあったものではないんですね。

内河　そうそう、裁判をきっかけに、沿線家屋の立ち退きや防音対策と並行して、新幹線高架に防音壁が作られるようになったんですよ。

白井　名古屋新幹線訴訟は、見事にその後の新幹線の発展に役立ったんですよね。

内河　新幹線訴訟は、損害賠償を請求した四日市公害事件等とは異なり、当時の国鉄に対して「静かにして欲しい」という請求を軸にしたいわゆる差し止め裁判でした。だから「どうしたら音を静かにできるか」という方法を考えて、主張しなければいけなかった。鉄道の研究機関誌を読んで技術開発の状況を勉強したり、運転したことはないけれど、新幹線運転士の「運転マニュアル」も必死に読んだものでした。

　でも、その甲斐あって逆エル防音壁とかパンタグラフ、車両の軽量化など具体的な対策を提案することができたんですね。しかし、裁判の過程では、被告である国鉄は、「技術的に難しい」という理由で、一切聞く耳を持ちませんでした。それならば「地下鉄方式」はどうか、という検討もしたものです。名古屋にはすでに地下鉄が通っていましたから、技術的には可能なはずだと。この議論は運動論的観点から、正式には裁判上の主張には載りませんでしたが。

　新幹線訴訟は最高裁まで行きました。ちょうど国鉄民営化の時期とも重なり、国鉄の内部事情もあって、最高裁の段階で裁判外和解が成立し、裁判は取り下げたのです。驚いたことに、裁判が終了した後、新幹線車両の軽量化、逆エル防音壁、パンタグラフの改良等、騒音振動を抑える技術はめざましく進化しました。こうした技術は、後に作られた新幹線にも見事に引き継がれていきました。

石黒　今では当たり前になっていることも、裁判を通じてたくさんの人の努力によってやっと成し遂げられたものだったんですね。逆に言うと、その時に沿線の人たちが何も言わなかったら、と考えると怖いです。

内河　新幹線裁判は575人の沿線住民が原告となって提起されました。名古屋駅の東方沿線8キロを7つのグループに分け、毎月1回はその地域担当の弁護士も参加した「現地学習会」をやりました。子どもや孫のために新幹線沿線の環境を少しでも良くしようと一生懸命話し合ったものです。こうした被害者の願い、訴えが裁判になり、その結果、新幹線という最新の交通機関の技術がより進化したことになります。裁判等の闘いは科学技術を大きく発展させるものですね。

白井・石黒　おおーっ。

内河　自動車の排気ガス規制の経緯を見ても感じますね。不可能と言われていた排気ガスの規制は、法律が強制力を持つことによって可能になりました。必要だ、大切だと分かっていても、対策のためには莫大なお金が必要となりますので、なかなか企業は思い切れません。だからこそ被害者からの闘いが必要になるのでしょう。ただ、新幹線や自動車など、公共性の強い産業に伴う公害問題に規制を入れていくのは、なかなか難しいのです。技術的・経済的に社会を支えている基幹産業的側面もありますから。

石黒　なるほど、確かに。

内河　新幹線の騒音を小さくするには、住宅街の近くをゆっくり走ればいい。裁判の過程で、東京―大阪間500キロに及ぶ沿線で区間の状況を逐一写真に収め、沿線の住家の実態を調査したこともありました。でも、東京―大阪間でそれをやると、非常に多くの区間で速度を落とさなければいけない。そうすると30分以上も余分にかかってしまう。当時は、それでは新幹線の意味がないし、国の政策も大幅に変えなければならないと言われたのです。国鉄は1分でも遅れると新幹線の命がなくなるとまで言っていました。

もちろん企業だって頑なに利益だけにこだわっているわけではないし、社会的害悪をもたらさない技術的改善への思いはあるでしょう。その意欲を現実のものにしていくためにも、市民による裁判や運動は、とても有効だと思っています。一種のトリガー（引き金）といって良いかも知れませんね。

石黒　四日市公害訴訟でも同じようなことはあったんでしょうか。

内河　裁判を始めた頃の四日市では、工場の煙突も低く、煙が直接家の窓から入ってくるようなひどい状態の地区もありました。裁判を進める中で、工場の煙突が「１００メートル煙突」といわれるほどの高いものに変わっていきました。その後は煙自体に有害物質が含まれなくなるよう、燃料を変えるなど様々な取り組みもなされました。損害賠償請求をして終わり、ではなく、お互いに共存していくために周辺の環境は順次改善されていきました。

判決文では、公害対策が不十分なまま経済発展を優先して工場誘致を進めた三重県と四日市市の責任にも言及されました。この訴訟は、国や自治体が公害を防止し、環境を良くするための具体的な取り組みを始める際の指針ともなりました。

白井　そうそう。公害訴訟を期に、全国の企業も素早く環境問題に対応し始めたんです。四日市や新幹線の訴訟があったのが１９６０年代～70年代の初め頃で、私が１９８０年代に東海圏の重工業の企業を取材したときには、非常にしっかりとした公害対策がとられていたという印象です。しかも、どの企業もそれを大変誇っていました。

内河　ああ、そうでしたね。四日市公害判決の後、当時発足間もない環境庁の長官だった三木武夫氏（後に総理大臣）が飛んできて、四日市の空を改善すると意欲的な発言をしたことが印象深く思い出されます。公害健康被害補償法がその翌年、昭和48（1973）年に制定されたことも注目されましたね。国も行政も真剣に取り組もうとしていたわけです。新幹線訴訟の時も、石本茂環境庁長官が新幹線の沿線視察に来られ、沿線住民や弁護団から状況をヒアリングしていきました。現在の政権とはずいぶん感触が異なりましたね。政治家も官僚も「国づくり」を一生懸命やっているという実感がありました。自分としても、こうした運動に弁護士として関われたのはラッキーでしたね。

生活保護行政を大きく変える——林訴訟

石黒　先生は新幹線公害訴訟の終わり頃から、生活保護に関する運動にも関わられるようになられています。

内河　新幹線公害訴訟が国鉄との間で和解協定をもって完全に終わったのが昭和61（1986）年4月でした。その時期に前後するように、昭和59（1984）年の「笹島の越冬事件」がありました。とても寒い冬で、名古屋でも連日雪が降っていました。だから、野宿生活をしている、いわゆるホームレスの人が凍死するという事態も発生しました。

名古屋市には野宿の人たちが体調を崩したりして困ったときに入れる施設がありました。でもその年のお正月は、入寮を希望する人が増えて入れない人もたくさん出てきた。名古屋の笹島地区で野宿の人たちの支援活動をしていたグループが、凍死者も出ているのだから利用できる施設を早急に増やしてほしいと名古屋市に要請行動を行った。しかしその交渉が厳しくなったことから、名古屋市が警察官を呼び、３人のメンバーが不退去罪で逮捕されてしまった。この刑事事件の弁護活動を担当したことが、僕がホームレスや貧困問題に関わるきっかけになったのです。この時に初めて笹島の人たちから、貧困にまつわるいろんな問題を勉強させてもらいました。

その後、時代が平成に変わった頃ですね。笹島の野宿労働者の支援グループの一人、藤井克彦さんから、生活保護に関する裁判を手伝ってほしいと言われました。僕は生活保護問題については経験もなく、躊躇しました。しかし、僕の家庭は生活保護のお世話になっており、そのおかげで今の自分があると思えば、これは断れないと思い、お引き受けしました。

石黒　それがまた、教科書にも載っている「林訴訟」ですね。野宿生活をせざるをえない状況にあった林勝義さんが、生活保護を利用しようと何度も福祉事務所を訪れたものの、認められなかった。この処分をめぐる裁判ですね。

内河　そうです、林さんはちょうど僕と同じ年齢で、思い入れがありましたね。僕は、林訴訟を機に生活保護を初めて本気で勉強したのですが、その時「生活保護法という法律は素晴らしい法律だ」としみじみ納得しました。

石黒　どんなところが良いと思われたのでしょう。

内河　生活保護の制度が作られた昭和20年代の生活保護に関する書籍を読んで、当時の官僚の素晴らしい感性と情熱に感動しました。何より使命感に燃えていたことが分かる。当時は敗戦直後で、日本中に家のない人、食べることにも事欠く人があふれていたと思います。

若き官僚たちは、貧しい日本人が何とか人間らしい生活を取り戻すことができるようにと心底願いながら、「生活保護法」という法律を作ったのだと思います。解説書の行間から、そうした熱意がほとばしっている感じでした。だから、生活保護法はとても「希望に満ちた法律」なんだと実感しました。

石黒 あらためて生活保護法の条文を読むと、いまの言葉で言う「誰一人取り残さない」という強い意志を感じますね。

内河 その後、日本の経済は発展して、人々の生活水準はどんどん上がった。もちろん、経済成長の中でも生活が大変な人たちはいて、その人たちは必要に応じて生活保護法の適用を期待できた。ところが、もう一段下の層があったんですね。日本の経済の発展に乗り切れず、なぜか生活保護法の適用も受けられなかった人々のことです。これが要するに野宿労働者の世界なのかな、と私は考えました。

白井 なるほど、外から全く見えない状態に留め置かれてしまった人たちがいたと。

内河 生活保護の制度は、本来は底辺に置かれた人たちのためにあるべきでしょう。でも、そうではなくて、貧しいながらも人並みに上昇していくことのできる貧困者のためにあるのが生活保護制度だ。福祉事務所の対応の背景にはそんな考えがあるように感じました。その下にいる、いわゆるホームレスなんかは、もう論外だと。ホームレスに家やお金が無いのは当たり前だと。実際、当時は名古屋の福祉事務所にも、ホームレスの人が来た場合の「特別対応マニュアル」があったようです。

石黒 生活保護法には「生活に困窮するすべての国民に対し」とありますが、残念ながら「国民」であるはずの人を、そうではないと見てしまっていたのかもしれないですね。

内河　野宿をしていた林さんが福祉事務所に何度訪問しても、生活保護が受けられなかったのが平成5（1993）年のことでした。まさに前代未聞の「バブル崩壊」の時期なんですね。平成に入って間もない頃はまだバブルの余韻で持ちこたえていたけれど、3～4年して日本の社会状況は、すっかり変わってしまったのです。

ある意味では、公害問題も一段落し、日本の経済成長も終わって、次に現れてきたのが生活保護を巡る貧困問題だったと言えるかもしれません。生活保護には生活扶助、教育扶助、医療扶助など保護の種類が8種類あるんです。その人の状況に応じて必要且つ適切な生活の保障をするようになっています。困っている人が自分はこれとこれが欲しい、という申請をするわけではない。行政の方が総合的に判断して「こういう扶助を利用しましょう」と提案するのが原則なんです。福祉事務所に来た人は、「俺は生活に困っている」と現状を伝えればいいんです。にも関わらず、林さんは生活保護受付の窓口でどんな対応をされてきたかというと「お前はとにかく病院へ行け」と言われていたんですね。

石黒　病院？

内河　働けるかどうかを医者に診てもらいなさいと。働けると言われたら、お金が稼げるということだから生活保護は要らないでしょう、と。

石黒　働ける人は生活保護を利用できないと言っていたんですね。

内河　でも、仮に働いたとしても、最初の給料日まではお金が無ければ生活ができないでしょう。

林さんは、ずっと建設現場で日雇い労働をしてきた。しかし両足にけいれんの症状が出て、肉体労働はできなくなってしまった。加えて折からの不況で仕事も激減している。しかし、医師の診断書に「軽作業なら可」とあったことを理由に、生活保護申請をしても利用できないと言われ続けたわけです。

石黒　ただでさえ求人が少ない状態で、経験のない軽作業でも雇ってもらえて、ちゃんと食べていける……という仕事がすぐ見つかるとは思えないですよね。

内河　林訴訟の一審の判決の素晴らしいのはそこなんです。「仮に働ける能力があったとしても、仕事や収入が無ければ生活保護を付与すべきだ」というのが名古屋地裁の判決でした。仮に働けても仕事が無いことはある。仕事が無ければ収入も無い、つまり生活できない。ならば扶助の対象だという、極めて正当な結論です。裁判長が名古屋市側の証人への補充尋問で「生活扶助を出さなかったらこの人はどんな生活状態になると思いますか」と、こんこんと尋問していたのを今でもはっきり覚えています。名古屋地裁は、名古屋市の対応の問題点を指摘して、市の決定を取消しました。さらに、その取消しによっても回復できない精神的損害を林さんに与えたとして、慰謝料まで認めたのです。

　この判決は林さんや野宿をしていた人はもちろん、生活保護の第一線で働いている福祉事務所のケースワーカーの皆さんにも喜ばれました。良識あるケースワーカーは、名古屋市の窓口対応はおかしいと思っていた。この人たちにこそ本当は生活保護が必要だと思っていたんでしょうね。

石黒　なるほど、林訴訟があったから、稼働能力があっても生活保護を受給できるという、これまた今では当然の運用がなされるようになったのですね。

内河　一審の判決が出た時に、当時の厚生省は、名古屋地裁の判決の趣旨に従って「仕事が出来るからといって生活保護を断ってはいけない」という内容の通達を出したと記憶しています。その後も相変わらず、いわゆる水際作戦（生活保護の相談に来た人を申請させずに追い返してしまう窓口の対応）とか、冷たい行政の対応が完全に無くなったとは言えないけれど。

ところが、高等裁判所や最高裁では全く逆の判決が出てしまった。求人広告がたくさん出ているのだから、仕事がないわけではない……といった、全く納得できない理由でした。でも、結果として裁判では負けたけれど、林訴訟の一審の判決は高く評価され、野宿労働者の生活保護の裁判、特に稼働能力問題では金字塔だとも言われました。

生活保護に対する「国民感情」が優先された判決

石黒　平成25（2013）年から生活保護基準は大幅に引き下げられました。この引き下げ処分の取消を求める訴訟には、①有識者会議の内容を踏まえない、②根拠とした物価のデータに疑問がある、③そもそも憲法で定められた「健康で文化的な最低限度の生活」を満たす基準となっていないことなどが争われましたね。

内河　今回の裁判の争点は何点かありますが、中でも物価指数の問題は大きな争点の一つでした。

これは、もちろん憲法25条の生存権が主要なテーマの裁判ですが、ただ、福祉事務所の人たちは、人が「健康で文化的な生活をしているのか、していないのか」を個別に判断して生活保護の給付を決めるわけにはいきませんから、やはり基準は重要ですよね。

その基準作成の段階で、意図的な操作が入ってしまうと、今回のような不当な基準切り下げの問題が出てきてしまう。ラスパイレス式とかパーシェ式とか、計算方法の使い方によって数値が大幅に変わってしまう。国の今回のやり方は、生活保護費の国家予算を削減する方針が先にあって、それに合わせるような基準作りをすること自体、生活保護法の精神を蔑ろにするものであり、許されないと思いますね。国民全てが人間らしい生活をするために、どんな基準が必要なのかということから考えれば、今回の国の施策は「物価偽装」と言われても仕方ないのではないかと思います。

石黒　しかし、令和2年（2020）年6月の判決では、原告側が積み重ねてきた証拠や論理が顧みられることなく、「国民感情や国の財政事情を踏まえたもの」として、基準引き下げは妥当とする判決が出されてしまいました。先生はこの判決について、どのようにお考えでしょうか。

内河　裁判所がとても熱心に進行協議を進め、生活保護基準切り下げの根拠になった物価指数の問題についても、原告の言い分に強い関心を持ってくれただけに、何らかの実のある判断を期待していました。

しかし、判決の内容は、全くの期待外れ、しみじみ裏切られたとの思いでした。個別の論点では原告の主張を認めながらも、厚労大臣の裁量権を思い切り認め、すべて裁量権の範囲内の問題であり、国の行為に違法はないとの判断をしてしまいました。特に国の方針が自民党の政策によって影響を受けたことも、国民感情や国の財政事情を踏まえたもので問題はないとまで言い切りました。法律は、当然のことながら、政治的圧力や国民感情に左右されない客観的な基準で健康で文化的な最低限度の生活基準を判断すべきと定めています。その意味でも今回の判決は、とても憲法25条の理念に沿うものではないと思っています。

特に目を疑ったのは、ある調査結果を踏まえて、「約66％の者が1日の食事が3回であり、約39％の者が食事内容に満足しているなど……必ずしも健康で文化的な最低限度の生活を下回っているとまではいえない者が一定割合存在することがうかがわれる。」と言い、また、「原告らは、経済的な制約のある中で、衣食住といった生活の基本的な部分や社会的活動に関して不自由を感じながら生活していることは認められるものの、他方で多くの者は食事を1日3食取っており、外食をすることもある上、食事の内容が社会的に許容し難い程度に乏しいものとまでは認められないこと」と判示していることです。何割かの人が1日2食の生活余儀なくされていても、最低生活以下ではないというのでしょうか。裁判官達は、物価指数とか裁量権等の理屈を駆使しながら、結局は生活保護を受けなければならない原告らの具体的な生活状況、食事を2回にするか3回にするか、それにいくら掛けるかといった日々の苦悩に対して全く想像力を持ち合わせていないということをしみじみ感じました。

生存権が侵されることのない社会をつくる端緒に

石黒　先生はこれまでにも「日本国憲法をもっと生活に結びつけて考えよう」「憲法の持つ価値が暮らしの中に生きている」と訴えられてきましたよね。これについて詳しく教えていただけませんか。というのも、私も普段の生活の中で、憲法を意識することがなく、正直あまりピンときていないのです。

内河　2004年に提訴した「自衛隊イラク派兵差止訴訟」でも、最初の記者会見の時に、それまでの僕の人生を憲法が守ってくれた。その恩返しに憲法を守る裁判の弁護団長を引き受けたと話しました。今のアメリカでは、大学の学費をまかなうために入隊する若い人は少なくないと言われている。もしも憲法9条がなかったら、貧乏人の僕は戦争にかり出されていたかも知れない。お金のない貧しい家庭に育ちながらも、勉強を続けて弁護士になれたのもまさに憲法9条のお陰です。その恩返しに、イラク訴訟の弁護団長を引き受けたのは自然の成り行きでした。

僕は子どもの頃に浜松で空襲を経験したのも大きいかもしれないね。防空壕の中に焼夷弾が飛び込んできて、そこから逃げ出して……。その経験があるから、実感として憲法9条と生活を結びつけやすいのかもしれない。でも、戦争を体験したことがない人でも、戦争になったら絶対に今と同じ暮らしはできないわけだから、やはりどう考えても憲法と生活は密着していますよ。ましてや憲法25条や生活保護法なんて、生活そのものの話です。でも、弁護士が生活保護の議論を始めると、すっかり生活の部分がなくなってしまうことがよくある。社会はどうあるべきか……といった、なんとなく高邁な議論が先行する。そうすると、生活保護を利用している人からは、自分たちの生活のことを考えてくれているわけじゃないのかな?と思われてしまったりする。アカデミックな議論になると、生活の実感から離れていってしまうというのは、憲法の問題だけではないかもしれないけれど、難しいところですね。

石黒　先ほど、公害の訴訟の時には、裁判という手段が企業に対して新しい技術に投資したり、自治体が環境政策に力を入れるときの「トリガー（引き金）」になるとおっしゃいましたよね。この生活保護の訴訟が、国に対して大きく変化するきっかけを与えるという可能性もあるのではないでしょうか。

内河　そうですね。でも、裁判によって国の政策を変えるというのは本当に大変なことです。特に今回の生活保護基準切り下げ処分を不服とする裁判は全国29箇所の裁判所で闘われています。憲法25条がある限り、生活保護法がある限り、必ずこの裁判は勝利するとの確信を持って進みたいと思います。もちろん、国際的な追い風もあると信じています。かつて自衛隊イラク派兵差し止め訴訟を闘った時も、10戦10敗の後の名古屋高等裁判所でとうとう違憲判断を獲得しました。それを忘れていません。

　また、今、社会的問題となっている新型コロナウイルスの問題も、影響を持つと考えています。社会保障の闘いは、なんと言っても国民の支援が求められます。しかし、多くの人は、生活保護を自分とは関係のない問題だと思っています。生活保護バッシングもそうした状況下で起きています。しかし、新型コロナ問題ではすべての人が被害者になります。皆が大きな経済的負担を感じています。沢山の国民が、コロナ問題を自分の問題として捉えざるを得ない状況に置かれ、相互に助け合おうという意識を芽生えさせる契機になるのではないかと思っています。その意味で、コロナ問題は不幸なことですが、国と国民の意識を変え、社会を変える可能性を含んでいるのではないかと期待しています。

石黒　この裁判によって、「憲法25条」や、「希望に満ちた法律」である生活保護法を国民の中にしっかりと定着させたいですね。林訴訟も、二審や最高裁では勝てなかったけれど、その後の福祉事務所での生活保護の運用に大きな変化を与えましたよね。

内河　そうそう。林訴訟でもそうだったし、イラク訴訟でも自衛隊を撤退させる大きな力になりました。だから、やっぱり結論だけが問題ではないんですね。もちろん、我々はこれまでに十分に主張立証を重ねてきましたし、控訴審においても、勝訴を目指して最後まで頑張るつもりです。名古屋をはじめ、全国各地で闘う原告らを中心に、弁護団や支援者も力強い体制で息の長い闘いを続け、我が国の社会保障制度の発展に力を注いでいきたいと思っています。

　この裁判を通して、裁判所は、日本国憲法が司法に期待している、国や行政の監視役としての本来の使命に立ち返ってほしいですね。

そして、基準算定の統計処理に偏見があってはならないこと、専門家による審議会の意見を反映することといった、国は当たり前のことに立ち返ってほしい。そして、憲法で保障された生存権を決して侵さず、そのために生活保護法を遵守し、「どんな人でも人間らしい生き方が保障される」との理念を尊重していく社会を、一人でも多くの人とともに作っていく端緒としたいと感じました。

時代の傍観者になってはならない

井手英策◉財政学

僕は、いっときの権力者の思いつきや一部の利害関係者の圧力によって司法の判断がゆらぐはずがない、と信じていた。しかしそれは純情な学者の思いこみだったのだろうか。

判決は、生活保護費削減を支持する理由として、「当時の国民感情や財政事情」をあげた。

当時の国民感情とはなにか。確かに2012年の選挙で自民党は生活保護費のカットを掲げた。だが、300以上ある公約の1つをとりあげてこれを国民感情と呼んでいいのか。

そもそも、国民感情というあいまいな基準で、人びとの生きる権利が侵害されたり、政府の独断が許容されたりしてよいのか。そうした恣意的な制度運用を防止するために、専門家の意見を聞く場が設けられている。その手続きをスキップした政府の判断を追認する判決には、政治的意図を感じざる得ない。司法はいったいどこを向いているのだろうか。

財政事情とはなにか。生活保護費を段階的に670億円削減することをめざして編成された2013年度予算だったが、公共事業関係費が約7000億円増加していた。注意してほしい。震災復興予算は特別会計に計上されているから、これはそれと別の増加額である。

公共事業を大胆に増やし、40兆円を超える国債を発行する大盤振る舞いが行われるなかで、人の生死に関わる生活保護費をけずる。2020年の新型コロナへの対策名目で、国は60兆円の補正予算を組んだ。60兆円もの予算を組む余裕のあった国家が、総額670億円の削減にこだわり、人の命を軽んじた。これでよいのか。

人びとの暮らしは、1990年代の後半から、劣化の一途をたどってきた。だれもが自分自身の生活防衛に必死になり、低所得層の困難への想像力や寛容さを失いつつある。誤れる状況に警鐘を鳴らすのではなく、これを肯定し、弱れる者をさらに弱らせることに司法が加担するようでは絶望しか残らない。

正義の番人が弱者をくじけば、僕たちの社会は分裂し、秩序は崩壊する。声をあげよう。かかる混迷のときにあって、時代の傍観者になってはならない。

インタビュー

「あの人たち」の生活保護から「私たち」の社会保障へ

天池洋介◉岐阜大学・日本福祉大学非常勤講師

天池洋介さんは１９８０年生まれの研究者だ。いわゆる就職氷河期世代で、大学卒業後は過酷な長時間労働やパワーハラスメントの横行する職場も経験。そんな中、自ら労働組合「岐阜青年ユニオン」を立ち上げた。研究者となった今も非常勤講師の待遇改善のための活動に取り組む。

こう書くと熱烈な活動家という印象を受けるだろうが、厳しい生活や運動を経てなお眼差しは冷静で、かつ運動から遠くにある人たちへの温かさがある。今までの活動では届けられなかった人たちへどんな言葉を届けたらよいのか。生活者としての実感を忘れず、マクロな経済や社会制度を変えてゆくにはどんな研究や運動が必要なのか。

自身の試行錯誤と、研究テーマでもある北欧の福祉国家との比較をもとにした、福祉と労働、運動と生活、個人の暮らしとマクロな経済活動の間をつなぎつつ「社会保障を『あの人たちのもの』から『私たちのもの』へと変えていく」提案を聞いた。

働く人の権利を守るため組合を設立

天池　大学では哲学を専攻していました。三年生の時に隣の経済学部にスウェーデンの研究者である竹崎孜先生が赴任されていらっしゃることを知って、授業に出たり研究室に行ったりしていたんですよ。社会保障制度から児童養護の話まで、現地の話をたくさん聞かせてもらいました。

当時、スウェイディッシュ・ポップという音楽が流行っていて、スウェーデンは文化や社会の仕組みがユニークな国だと知り興味を持っていたんです。日本で介護保険が導入された時期でもありました。モデルにした国のひとつがスウェーデンでもあったんですね。

就職先を選ぶときもスウェーデンの影響が大きかったですね。スウェーデンでは国民の所得を保障するために二つの社会運動があったと学びました。一つは労働条件を良くする運動、もう一つは所得保障を求める運動です。この両方を組織化したから国民の生活が豊かになったのだと。市民が集まって暮らしを良くしていくという理念にひかれて、地元の生活協同組合（生協／ＣＯ・ＯＰ）に就職しました。

石黒　でも、過酷な職場環境だったんですよね。

天池　ダイエーが産業再生法の適用をうけたりと、バブル後の不況を引きずって小売業全体が厳しかった頃です。他社がアルバイトなど非正規雇用を増やして価格競争に対応していく中で、生協は正社員でやっていこうとした。でも、それを長時間労働でまかなうような部分があって……。食品の配達もやっていたんですけど、時間的にも件数的にもハードで体を壊してしまいました。一年半くらいで退職して、体調が回復してから学習塾で働き始めたんですけど、上司からのパワハラにあって。その後は派遣社員として工場に行ったり、市役所の臨時職員をしたりと転々としていましたね。

白井　そんな中で、個人でも入れる労働組合を設立したんですね。

天池　生協でも塾でも工場でも、どこに行ってもみんな厳しい労働条件で働いている。これは個人が職場を選べばよいという問題ではないと思ったんです。それぞれの職場で、最低限の権利が守られる仕組みをみんなで作っていかないと。それで「岐阜青年ユニオン」という労働組合を立ち上げました。

自分も派遣で働くかたわら、組合スタッフとして色々な相談を受けました。給料や残業代の未払いもあったし、外国人の技能実習生からの相談もありました。そのたびに経営者と話して、何とか双方が納得できる結論に持っていくのですが、件数が多くて本当にキリがないんですよ。労働組合は大切な運動だけれど、根本的には社会の仕組み全体が変わらなければ、と思ったんです。

そして、社会全体を変えるには経済の知識が絶対に必要だと思ったのが、大学院に進学しようと考えたきっかけです。

福祉・教育・生活保障は人への投資

白井　２００３年に森永卓郎さんが「年収３００万円時代を生き抜く経済学」という本を出しました。でも、当時は「３００万じゃ生活できないだろう」と言われていました。でも今、年収２００万円台で一人暮らしでアパートに住んで、なんとかやりくりする人は珍しくない時代になってしまった。

天池　私も今、収入は非常勤講師の給料だけですから、同じような状態ですよ。貯蓄も増えないですし、奨学金の借金も減らない。今を生きていくので精一杯という人の気持ちは分かります。

白井　日本やアメリカではそういう人が多くなっていますよね。北欧はどうなんですか。

天池　北欧は全く状況が違います。なぜかというと、まず最低賃金が高い。例えばデンマークのマクドナルドで働く高校生のアルバイトは時給1600円です。高校生の賃金が下がると他の人の賃金も下げられてしまう、だから簡単には安くしない。若い人の失業問題に対応するために、アプレンティスシップ（企業による見習い訓練）にも力を入れています。実習生にもちゃんと賃金が支払われるんです。日本だとインターンシップはほとんどの企業で無給ですよね。北欧の各国は労働条件を引き上げることで経済成長を促すという考え方です。労働条件の良い職場に労働者は集まる。良くない職場は淘汰される。

石黒　日本は逆ですよね。国際競争力を高めるために、終身雇用をやめて、派遣社員とか非正規雇用の人を増やす……と、1990年代から言われてきたように思うのですが。

天池　戦後の日本は農業社会から工業社会に変わりましたよね。その転換の早さが高度経済成長につながった。国が道路やダム、鉄道や工業地帯に投資をした。だから急速に技術発展したわけです。時代が進んで21世紀となるとき、これからは工業社会から知識社会に変わる、デザインとかコンピュータとか「情報」が産業になると北欧やEU諸国は読んだわけです。そのためにどう社会や経済を変えるかという議論が起こりました。

工業社会では、インフラや工場に投資をしました。しかし、これから富を生み出すのはモノではなく人だ。だから人に投資をすべきだ。そう考えて、北欧やヨーロッパの各国が経済や産業のあり方を変えたのが90年代後半~2000年代前半です。特に北欧諸国の動きは早かった。「福祉国家」

という形で、ずっと人に投資をし続けてきたという自負があったからなんですね。福祉にお金を使う福祉国家は、財政赤字の原因になるからダメだと言われてきました。しかし北欧諸国は「福祉・教育・生活保障は人への投資である」と考えた。投資だから、あとでお金を返してもらえばいいという考え方です。だから税金が高いんですけれど。

でも、日本はそれをしなかった。代わりに出て来たのが日本型福祉国家論です。企業福祉と家庭福祉の二本立てで行く。国家は最低限のことしかしません、それが柔軟性のある福祉ですと。そこに、最近は地域で支え合いましょうという「地域福祉」が提唱されています。どこまでも国家は出てこない。

生活保護が「ズルい」と思われるのはなぜか

白井　日本は経済が悪くなった時に、近視眼的にやりやすい政策をとっただけとも言えますね。さらに、制度が悪くなっていった時に、弱い立場に追いやられた側が反発する運動も弱かった。むしろ2004年の「イラク人質事件」をきっかけに「自己責任論」という言葉が広く使われるようになってしまった。仕事がないのも給料が安いのも、努力しなかった個人の責任だと。

天池　今の学生からも、生活保護の話をすると「ずるい」という意見が必ず出てきます。生活保護はその人の生活を守るという面も大事なんだけど、それが社会全体にとってどんな意味があるのかも考えてみよう、と、私はイギリスの小説家、J・K・ローリングのことを話します。彼女は生活保護を受給しながら「ハリー・ポッター」を書いたんですよね。生活保護が、世界に対してすごい富をもたらす可能性がある。そういったことも含めて、どのような社会保障が適切なのかを判断する必要がある。単に働いていないからずるいというのでは、私たちはとても大きな宝を失う可能性があると必ず言っています。でも、真面目な人ほど「自分の力で人生を切り開かなきゃいけない、他人の力を借りるのはずるい」と考える傾向がある気はしますね。

石黒　天池さん自身が、めちゃくちゃ頑張って来た人ですよね。厳しい生活に耐えながら、なんとか奨学金も返していこうとしている。自分はこんなに頑張っているのに、頑張らない人と同じでは不公平だと思いませんか。

貧しい中で頑張って夜も昼もなく働いて、まああの暮らしになる。すると税金もたくさん払うことになる。なのに、納税額の少ない、もっと低収入の人の方が生活保護や、様々な手当もたくさんある。対して自分には何の補助もないとなったら、何のために頑張って来たの？と思う人の気持ちも分かるんですよ。

天池　私は生活保護などの支援が必要な人をもっと応援して、たくさん税金を払ってもらえるところまで持って行くことが大事だと考えています。日本政府はそこまでの応援をしていなくて、中途半端に貧しい状態にとどめているのがもったいない。教育を受けてスキルアップしたり、落ち着いて好条件の職場を探したり、心身の健康状態を整えるのに十分な額まで生活保護費を増やしたり、利用できる制度をもっと整える。そうすれば、納税できる人を増やせるはずです。

石黒　なるほど、むしろ投資が足りないということですね。

天池　「生活保護はズルい」というのはただの妬みではなく、自分の経済的な苦しさが社会保障によって軽減されない不満の表明とも考えられますよね。あの人は支援されるのに、自分は支援されない、「不公平な選別」に対しての不満とも言えます。加えて生活保護バッシングには「税金の無駄遣いだ」というのもありますよね。これも、税金を自分に対しての支援に充ててほしいという願望の表明ではないでしょうか。

つまり生活保護バッシングは、生活保護・社会保障が「不公平に選別」された一部の人にだけ「特権的に」給付されるものだと認識されていることが一因なのではないでしょうか。

生活保護受給者は「拠出（税金や保険料の支払い）＜給付（社会保障の給付）」で得しており、その他大勢の人たちは「拠出＞給付」、あるいは「拠出のみ」で損させられている、だから許せないということではないかと思います。このことから、誰でも必要なタイミングで必要な支援を受けられる、普遍的な社会保障に対する潜在的なニーズを読み取れます。必要なのは、不満の根本にある「不公平な選別」をやめることです。つまり、一部の人しか受けられない社会保障（選別主義）から、みんなが受けられる社会保障（普遍主義）へと、社会保障制度を変える必要があります。

大学の授業でも北欧の事例を紹介すると、最初は否定的な意見が噴出しますが、最終的には「払った分のお金が必要な時に返ってくるなら」と、多くの学生が納得します。繰り返しになりますが、お金を払っているのに最低限の支援すら受けられないこと、困った時に助けてもらえないことに、国民の不満の根源があるのです。自分の将来に不安がなく、生活にも余裕があるのであれば、生活保護の受給者にそれほど厳しい目を向けることは無いでしょう。

人は「正しさ」では動かない

白井　最近では外国籍の人の生活保護の話をすると反発がすごいんです。受給率が高いとか。僕は反対する立場の人たちと議論したことがあるんです。外国籍の人たちは、人があまり進んでやらないような職業、解体とか清掃業とかで頑張ってくれていることも多いし、税金も当然払ってきた。社会に貢献してくれている。なのにどうして生活保護はいけないの?と聞くと、その人たちは「ならば国籍を日本にすればいい」と言う。外国人に生活保護費を払う余裕はないんだから、と。その意見に賛同している人が少なくない。

天池　わかりやすいですからね。説明いらないですもん。「日本人じゃない。だからダメ」という話は。生活保護が大事という話をするとき、人権が、社会が、とか言うんですけど、そんな説明いらないですよね。日本人じゃない、それでおしまい。授業でも、スウェーデンにはこういう制度があって、日本には無いという話をしただけなのに「先生は日本の『アンチ』なんですか」なんて言われます。先生は日本が嫌いなんですか、じゃあなぜ日本にいるんですか、とかね。

石黒　日本の制度に不満があるなら出て行けと。ここにいるならここのルールに従うのが当たり前だと思っているんですね。

白井　インターネットでも本でも「日本はすごい」とか、逆に特定の国を貶めるような内容のものがすごく読まれているでしょう。それに影響される人が世代を問わず多いんですね。根拠もなく俗な感情に訴えるばかりなのに。

石黒　天池さんは以前、「人はロジックでは動かない」とおっしゃっていましたよね。私はこの生活保護引き下げ反対裁判でも、原告の主張が圧倒しているし、これまでも貧困問題や格差の是正を訴える運動は一貫して「正しいこと」を主張してきたと思っています。にも関わらず、運動が一定以上の広がりを持ててこなかったことはなぜなのか、という疑問を持っているんです。

天池　行政や企業を動かしたい時には、ロジックや数字で説明することが有効です。でも、個人に対しても同様に有効かどうかは、私は疑問に思っています。人が動くのは具体的な利益（権益）と、感情によるものだと考えます。感情とは喜びや希望、未来への見通しといったものです。「怒り」も感情の一つですが、精神的な消耗が激しいので長期的に持続させるのが難しい面がありますよね。人々の心を動かし、求める利益を実現していく具体的な戦略が、社会運動に求められていると思います。

私が注目しているのは「コミュニティ・オーガナイジング」という手法です。一言で説明するのは難しいのですが、「私とあなたの問題」を、「私たちの問題」へと再編していく作業です。分断されたバラバラな「私」を、共感可能な「私たち」へと統合する社会運動だと思っています。マイノリティはマイノリティとして尊重されるべきですが、その課題はマジョリティと共有して社会問題化され、議会を通して検討され、行政機関を通じて対策を講じなければいけないものです。例えば、生活保護に対する差別的な言動は良くないよ、人間にはこういう権利があって、ズルじゃないよと正しいことを言ってもなかなか広がらない。

生活保護引き下げ反対裁判の概要を説明したチラシを拝見したのですが、記事もわかりやすく的確で、デザインもポップで素晴らしいと感じました。それでも、多くの人がこのチラシを見て「私のこと」だと捉えられるだろうか、とも思ったのです。意図せずして、訴求できる範囲が生活保護受給者に限定されてしまってはいないかと。社会運動としては、生活保護の利用者を組織化することはもちろん重要なのですが、それ以外の人間をどう組織するかということも大切です。それは「感情」をどうつなげていくか、「共感」をどう作っていくかということです。「私」と「あなた」は違う、というところから、私とあなたは、同じ『私たち』です、というのをいかに作るか。

「コミュニティ・オーガナイジング」では、まず「私」の話をします。自分はずっと非正規労働で苦しい思いをして来た、といった話をする。そして、私とあなたは立場が違う、だけど、将来に不安があるという点では私たちは一緒ですよね。将来に不安があって、でもこの日本社会で豊かな暮らしをしていきたいと思っているのは同じですよね、と語りかける。これを踏まえて『私たち』には今、こういったアクションが必要ですと話す。スピーチによって「私」と「あなた」の壁を乗り越える『私たち』を作っていく。これををひたすらやっていくというのが、コミュニティ・オーガナイジングのノウハウです。オバマ元大統領はこれがとても上手なんです。日本では、ＳＥＡＬＤｓでスピーチしていた若い人たちも上手かったですね。

実感に基づく「小さな社会運動」を

白井　なるほど。だけど今「コミュ力」という言葉が流行っているように、自分だけが上手く立ち回って、良いポジションを得ようという志向を持つ人も多いですよね。運動をして、世の中の仕組み自体を変えて行こうという方向にはなかなか行かない現状があると思うのですが。

天池　学生と接していても全く同じことを感じます。そもそも身近に「運動」をして変えていこうという人が全くいない。ましてや自分たちにも経験がない。「社会運動」はテレビの古い映像で見る世界であって、自分のものではないんですよね。学ぶ機会がなかったのに、運動は大事だと言われても無理な話です。なので、若者たち自身が新しいものを作っていくしかない。しかも、それは借り物の「正しい」言葉ではなくて、自分の実感から生み出されたものでなければ意味がない。日常生活の範囲内で、どれだけ小さな社会運動を作ることができるのか。それらを少しずつ繋げていくのが必要だと授業でも伝えています。

石黒　「小さな社会運動」とはどんなものですか。

天池　アルバイト先で、Aさんがこの日はテストだからどうしても休みたい。でも、シフトはもう組まれていて休めない。店長に相談に行かなければいけないが、Aさんは怖くて行けない。といった場合に、一緒について行ってあげる。例えばBさんが一緒に行って、その日私はテストがないから、Aさんの代わりに入れると言えば、スムーズに話が進みますよね。一人じゃなくて一緒にやるからこそうまくいく。一対一で店長と話すよりずっといいわけです。その経験が積み重なって初めて、「労働組合とは何か」という説明が実感として理解できるわけです。団結とか連帯とは何かということが初めて分かる。言葉で言われるだけでは分からないんです。日本では1970年代以来、長い社会運動の空白があるのですぐには難しいけれど、少しずつ積み上げていく必要があると思います。

　これは私の経験から気づいたことです。工場で働いていたとき、人が少なくて熱が38度くらいあっても休ませてもらえなかった。体調が悪いと言っても派遣会社から「タクシーで来い」と言われた人もいた。そんな状態で出勤されてもフラフラで、ミスも多いし良いことがない。職場で「休めるように会社に訴えよう」と言ったら、みんな嫌がるわけです。「休みたいけど、抗議とかはちょっと……」。自分が我慢すればいいし」と言われる。「じゃあ、何も言わなくていいよ。僕が話すから、5メートルぐらい離れたところに立っていて」と、二人の同僚に伝えたんです。話しに行くと、担当者は立っている二人を気にしますよね。それで「じゃあ、しょうがないから風邪の時は事前に連絡をくれれば休んでいい」となったんです。私は以前の職場では自分一人で直談判して、聞き入れられずに終わってしまったことが何度かありました。でも、誰かが一緒に「いる」だけで、大きく変わる可能性がある。逆に言うと「いない」というだけで、物事が悪い方向に進んでしまう。生活保護申請でも、一緒に役所について行ってあげるとかね。弁護士や社会福祉士といった専門職がやることだと思われているかもしれないけど、一緒に行くだけなら誰でもできますよね。他の人の目があるだけで、窓口で厳しい水際作戦にあうこともなくなるかもしれない。その場に一般市民がいない、市民の目線がないということだけで悪いことがどんどん進んでしまうことがある。運動は「そこにいる」だけでいい、ということからだと思います。

石黒　「一緒に何かしよう」と言われたら構えますけど、「いてくれればいい」なら少し気が楽ですね。「運動」は大げさなものではないと、もっと地に足が着いた言葉で説明して実感してもらうことも必要ですね。

天池　労働組合も、入ると何か色々やらなければいけないと思われている。そうではなく、組合にまず入って、加入率を上げるだけでも、組合費を払うだけでも、それはもう大きな資源です。そこを重視すべきだと思います。「いる」ことの力、「いる」ことのポリティクスみたいなものを、もう少し評価するべきです。特に、ボトムアップで声を上げていく際には大切だと考えています。

社会保障制度によって経済が活性化する

白井　ヨーロッパをはじめ諸外国では、GDP比で見ても生活保護の予算は日本よりかなり多いですよね。だからといって、国の財政が大変なことになって国が沈んでいる……なんて聞かないでしょう。生活保護費は、もらった人はほぼ全額を消費に回します。貯蓄できるほどの金額ではないから。政府が直接お店で買い物しているのと変わらないとも言えます。だから、私は受給者が増えることが経済的にマイナスになるとは考えられないと思うんですよ。

天池 そうですね、大企業に投資するよりも直接的ですよね。

白井 でも、あまり議論にならない。生活保護の運動を盛り上げようとしてきた人たちが、経済的な側面からその価値を語ることが少なかったと思うんです。

天池 私もそれはもっと表に出していったほうがいいと思います。社会保障は国の借金の原因、お荷物であり、受給していない人の負担を減らすために、受給者を減らさないといけないと考えられがちです。私はむしろ、社会保障制度で生活費を給付することによって、あるいは社会保障制度があること自体によって、経済全体を活性化させ、社会全体にメリットをもたらすと考えています。

そのメリットとは、

・限界消費性向を増加させ、経済を成長させる
・産業進歩を促進し、劣悪な労働条件を淘汰する

の2点です。

石黒 限界消費性向とは？

天池 人々が得た収入のうち、どれだけを消費にまわすかという割合のことです。人々が連鎖的・芋づる式にお金を使うほど、経済成長が盛んになって景気が良くなります。今回のコロナ禍でも、萎縮しすぎないで意識的にお金を使って「経済をまわそう」と言われましたよね。逆に、みんながお金を使わないでため込んでいると、金まわりが悪くなって経済成長しません。人々がお金を使わない時というのは、将来に不安がある時や、実際にお金がなくなってしまった時です。社会保障制

度が十分に整備されていて、必要な支援を受けることができたら、お金を使わず我慢する必要がなくなります。みんなが出費を抑える必要がなくなれば、限界消費性向が高く維持され、経済波及効果が高まり、持続的な経済成長が見込めるのです。

白井　２００６年頃、北海道の釧路市を訪れたことがあります。釧路は炭鉱の閉山があって、生活保護世帯の割合が急に高まった時期があったんですね。でも、タクシーの運転手さんの話を聞くと「生活保護があるから、まだそれなりに町にカネが回ってるんだ」という。つまり、急激な産業の落ち込みはあったけど、生活保護で暮らしが強力にバックアップされているという実感を市民が持っているんだと思って。

天池　普通は、もらうばかりの人を増やしても……と考えられがちです。でも、税を経由して消費を支えることも重要な社会活動です。家屋を維持したり、景観を保全したり、地域の経済を支えることの重要性は、限界集落を見ると明らかだと思います。ただ人が生活しているということ自体の経済的価値や社会的なメリット、公共性を、もっと真剣に考えても良いと思います。

経済成長は「安心して失業できる仕組み」から

天池　二つ目の「産業進歩を促進し、劣悪な労働条件を淘汰する」というのは、北欧の例を出したように、良質な労働条件の整備によって劣悪な職場や産業を淘汰し、産業の拡大や革新を促すという考え方です。しかしこれは生活保護をはじめとする社会保障制度、失業給付などが十分に利用可能な状態でないと成り立ちません。仕事を辞めても生活は保障されるという安心感がないと、労働環境が悪くても労働者は離職をためらってしまいます。

石黒　日本では、自己都合で退職すると失業保険は3ヶ月後にしかもらえないですよね。その間の生活を思うと、なかなか退職できないですし、焦ってまた労働条件の良くない職場に飛びついてしまうこともあります。

天池　北欧の場合は、同じ会社で平社員から課長になるのも転職扱いなんですよ。課長になるために必要なマネージメントや労務管理の単位を取っているか、勉強したかを証明しなければいけない。そのために一回仕事を辞めて進学したり、試験を受けてまた就職したりということが行われています。失業と労働とが分かれていないとも言えますね。

白井　なるほど、キャリアアップと生活保障は別々のものじゃないんだ。

天池　そうです。だから生活も保障しなければいけないし、教育費も無料でなければいけない。

石黒　日本だと、そんなに失業保険出して失業者に保障を手厚くしたら、みんな働かなくなるんじゃないかって言われそうです。

天池　少なくとも今の日本では、働かなくなることより「働きすぎ」の方が問題ですよ。「過労死」が世界に通じる言葉になってしまってずいぶん経ちます。

　解決のための方法としても、失業保険の給付水準を上げることは大事です。北欧では手厚いといっても失業給付に期限はあるし、豊かに生活したいと思ったら就職したほうがやっぱりいいですから。最低限の生活は必ず保障する。それにプラスして豊かになりたかったら、みなさんの好きにやってくださいねという感じです。

石黒　私は今まで死なないためには何が何でも働かなければと思っていました。

天池　労働に対するインセンティブが日本とは違うんです。失業中の生活保障があれば、労働条件の良い職場には能力の高い労働者が集まり、経営にも有利になる。余剰の利益で雇用を増やしたり、生産設備を拡充したり、研究開発に使えるようになるので、産業も進歩します。他方で労働条件の悪い職場は人手不足になり、経営の維持自体が難しい状態に追い込まれます。経営者は労働条件を改善するか廃業するかの選択を迫られます。ここで政府が経営者のスキルアップ支援や、経営者同士の連携、研究開発等の支援をすれば、労働条件を引き上げながら同時に経営を安定させ、経済を発展させる道も開けます。夢物語的な面もありますが、実際にデンマークではこの「フレキシキュリティ」という経済モデルが産業の進歩に有効に機能したと言われており、先進的なモデルケースとして取り上げています。フレキシキュリティにおいても、成功のカギはやはり、労働者が安心して離職できるための社会保障制度の整備です。

最低限の所得保障水準の明確化を

石黒　なるほど、雇用と社会保障、労働と福祉をバラバラに分けて考えていると上手くいかないのですね。それぞれが影響し合って人々の暮らしを良くしているのだから。失業保険も生活保護も、特殊な状況に陥らないと使えないものではなく、誰でも使いやすいものにすることで「私たち」の社会保障になっていく。

天池　みんなが使えて、みんなの役に立つ社会保障、「私たちの社会保障」を実現するために、重点的に取り組む課題に優先順位をつけ、段階的に実現する戦略が必要です。私は、第一に取り組むべきは社会保障の基準となる、最低限の所得保障水準の明確化だと思います。この基準が不明瞭だと、すべての社会保障給付の給付水準がどこまででも引き下げられ、最低限の生活水準以下にまで下がってしまいます。将来的には賃金もこの水準以下に下がらないように、最低賃金制度と連動させる必要があります。

石黒　今回の生活保護引き下げ反対裁判とも大きく関わる部分ですね。

天池　また、生活保護を受給せざるを得なくなっている社会保障の根本的な原因にアプローチすることも大切です。生活保護基準以下の賃金で働く、いわゆる「ワーキングプア」と、同基準以下の給付しか受けられない「年金プア」の問題です。賃金や年金が生活保護費よりも低額になっている人たちがいる。

白井　悲しいことに、そうした人たちが厳しく生活保護バッシングをしていたりするんです。本来であれば、年金額が生活保護基準に満たない額であれば、その差額分の生活保護費を受け取れるのだから、利用すればいい。でも、生活保護だけはどうしても嫌、という人は多い。それで少ない年金で生活費をやりくりして、生活保護はずるい、高すぎると言われてしまう。

天池　ワーキングプアについては最低賃金を、年金については最低保障年金を、それぞれ生活保護水準以上に設定すれば問題は解決します。もとより低い賃金や年金の水準よりも生活保護基準を引き下げたとしても、みんなが貧しくなるだけで、誰も幸せにはなりませんよね。

　ギリギリの最低基準である生活保護よりも、賃金や年金の水準を上げることによってみんなの生活水準を向上できるようにするのが、社会保障の役割です。

白井　年金制度を改革して、最低保障年金という制度を作るという政策を出している党はあるんです。それが実現できればいいのでしょうが、生活保護は恥だという文化を無くして、誰でも利用しやすくする方が早いですよね。

天池　確かにそうですね。生活保護の利用拡大（捕捉率の向上）や受給条件の規制緩和が必要だと思います。資産調査やスティグマが利用申請のハードルを高くしていますし、差別を生んでいるとも思います。これはすぐにでも取り組めるものですから、ぜひ国としても検討してもらいたいですね。

生活保護制度は社会保険制度と比べて拠出と給付の関係が見えにくく、権利としてではなく「お情け」としてもらっている感覚が強くなりがちです。しかし例えばデンマークのように、全額税方式（拠出するのは税のみで、社会保険料はなし）で社会保障制度を運営している国もあります。日本でも生活保護制度を全額税方式の社会保障制度として位置付け、納税者の権利として改めて認識し直すことが必要です。受給条件が規制緩和され、多くの人がいざという時にすぐ利用できるようになれば、不公平感は緩和されるのではないでしょうか。

誰もが支援を受けながら暮らす社会へ

石黒　雇用や労働に関する施策としては具体的にどう改善するとよいと考えていますか。

天池　まずは失業保険（雇用保険）の拡充です。失業者が落ち着いて求職活動をするために、自己都合退職の場合の待機期間をなくし、保障期間は1年間、保障金額も生活保護費＋αに連動させた、最低保障金額を設定すべきです。加えて、長期失業者を対象とした失業扶助制度の拡充です。不景気や大規模災害、急激な産業構造の変化が起きた際には、失業の期間が長期にわたることがあります。日本では求職者支援制度（雇用保険を受給できない求職者に対し、無料の職業訓練と職業訓練受講給付金を支給する）がありますが、給付期間が最長1年間と短いこと、職業訓練の受講が条件となり、利用のハードルが高すぎるのです。

その際には、今の日本の制度では生活保護を利用せざるを得ません。しかし生活保護を利用するには、貯金が一定以上あってはいけないとか、自動車の保有が原則として認められないといった条件があります。生活保護を利用するために、持っていた財産を失うことになるわけです。すると生活保護は利用できても、今度は就職活動に支障をきたし、就労までの道のりが遠くなることがあります。労働能力のある失業者には、生活保護基準と同程度の所得給付を継続的な求職活動を条件に支給するというのが、失業扶助です。長期失業者は景気が回復するまでスタンバイし、人手不足を回避するための貴重な資源であるという見方もできます。その資源を生かす失業扶助が必要です。

日本で「私たちの社会保障」を実現するための戦略のポイントはやはり「すべての人の最低限の生活を確実に保障する、最低基準の設定」と、それを具体化する諸制度です。最低基準に応じた生活保護制度が根本にあり、その上に＋αの水準で、労働者には最低賃金、退職者には最低保障年金、失業者には失業保険、長期失業者には失業扶助制度があり、誰もが最低限以下の水準に落ち込まないような制度設計が必要です。それは言い換えると、誰もが「賃金＋社会保障」で生活を成り立たせる社会、誰もが政府の支援を受けながら生きていく社会です。誰だってうまくいく時もあれば、ダメな時もある。その当たり前の事実を直視して、うまくいかない時には誰であろうと政府が支援する仕組みが必要ではないでしょうか。しかもそれは現行の制度をもう少しだけバージョンアップすれば叶えられそうなことでもあります。それが実現できれば、社会はもっと発展すると思います。

インタビュー

誰もが必要なときに使える制度にするために
——職員、研究者、市民が信頼関係を築ける仕組みを

小池直人◉元・名古屋市 福祉事務所生活保護ケースワーカー

名古屋市で四〇年以上にわたって生活保護のケースワーカーとして働いてきた小池直人さん。高度成長期からバブル崩壊、度重なる災害や終わりの見えない不景気の時代まで、ずっと経済的に最も苦しい状況にある人たちとともに暮らしを考え、生活保護の制度を利用してそれを改善しようと力を尽くしてきた。

生活保護の利用者がその人らしい人生を取り戻していく過程に関われることが、仕事の一番の喜びと小池さんは語る。しかし近年では、受給者と職員や、職員どうしの間のつながりが作りづらい現状があるともいう。誰もが生活のしづらさに悩み、その苦しみゆえに他人を疑い、責めてしまう。生活保護バッシングや、名古屋地裁の不当判決の背景にあるこうした不信感の連鎖を乗り越えていくために、私たちにできることはなんだろうか。

生活保護の仕事に魅力を感じて四〇年

石黒　小池さんは２０２０年の３月まで、名古屋市内の区役所で生活保護に関するお仕事をされていたんですよね。

小池　そうです。いま65歳で、19歳の時からずっと名古屋市の職員として働いてきました。僕は岐阜県出身です。昭和48（１９７３）年に高校を卒業した後、愛知大学の夜間部に通って、昼間はいろんなアルバイトをしていました。大学２年生になる頃、大学の先輩が名古屋市の職員募集要項を持ってきてくれました。昭和区から天白区が、千種区から名東区が分離して新しい区が二つできる時期でした。市がいつもより多く求人を出していると教えられて、受けてみたら合格。それで、昭和49（１９７４）年の９月から熱田区役所の税務課に配属になりました。でも、最初は公務員なんて何だか窮屈そうな気がして、大学を卒業したら他の仕事を探そうと思っていたんですよ。

石黒　それがなぜ、40年以上も公務員を続けることに?

小池　僕は仕事が終わったらほぼ毎日大学に行ってたんです。夕方の５時前には着いて、終電で帰ってくるという生活でした。でも、授業には全然出ていなかった。（笑）サークルの部室なんかが集まっている学生会館でウロウロしていました。夜間部だったこともあって、大学の先輩にはいろんな人がいました。自分より一回り以上も年上の人とか。そういう人から話を聞かせてもらうのが面白くて。

先輩の中には障害者の施設に勤めている人もいて、福祉に興味を持ったのはその時からですね。僕も障害者に関わる仕事がしたいと思い始めました。それならば他の仕事をするよりも、名古屋市役所にいたほうがいいなと。税務課から福祉の仕事に行きたいと希望を出して、愛大を卒業する夕イミングで熱田区の福祉事務所に勤めることになりました。同時に、福祉のこともきちんと勉強したいと思い、日本福祉大学の夜間部に編入しました。24歳の時ですね。最初に配属されたのが生活保護係でした。何年か経ったら障害者施設に異動の希望を出そうと思っていたのですが、やってみたら生活保護の仕事が面白くなってしまったんですね。

石黒 どんなところが面白いと感じられたのでしょう。

小池 いろんな人と関われることが楽しかったんです。障害のある人もいましたし、母子家庭の人も、自分よりずっと年上の高齢者の人もいて、いろんなことを教えてくれるんですよ。和服の洗い張りだとか、着物を作る仕事をしていたおじいちゃん、おばあちゃんの世帯も担当していて、その人たちの話を聞くのも楽しかったですねえ。

そのおじいちゃんは足が悪くて立てなかったんです。それで、籐製の乳母車を半分にカットして、車椅子みたいにして使っていた。でも、階段は上れないから、病院に行く時は連絡があって、僕が行っておんぶして連れて行ったりしていました。

白井 保護係に来てすぐに、いろんな人のところへ行くケースワーカーになったんですね。

小池 そうですね。日本福祉大学に入ったんですが、授業よりも現場の方が毎日刺激があって、いろんなことが学べる気がして、またそんなに行かなくなってしまいました。(笑) でも、福祉事務所に来て2年目に、保護係の係長から「全国公的扶助研究会」のことを教えてもらいました。全国の、生活保護に携わるケースワーカーや研究者の集まりです。全国セミナーがあるから行ってきたら、ということで行かせてもらいました。

同じく2年目の時に、福祉大の大友信勝先生と笛木俊一先生が作られた、現場の職員と学生や研究者が一緒に研究する「東海福祉事務所論研究会」にも来ないかと誘われて。こういう会に出ると、ぐっと視野が広がるんですね。それまでは自分の職場しか知らなかったけれど、他県では全然違うやり方があったり、法律や厚生省からの通達の解釈も色々あるんだと分かると、仕事はますます楽しくなりました。

役所の仕事の中でも、生活保護の仕事は変わっているんです。僕のいた税金の部署もそうですが、役所では何か問題があれば、来年以降の課題として制度や運用を変更する、といった対応をすることが多いんです。でも、保護係の仕事に求められるのは即応性。生活に困っている人が目の前にいるわけですから。仕事の進め方が他部署と大きく違うことに加え、大変な状況にある人と向き合い続ける仕事ですから、決して楽ではありません。昔も今も保護係への配属を希望する職員は少ないです。でも、僕は当時から本当に仕事が楽しかった。障害者施設で働きたいという気持ちも持っていたのですが、もっと様々な背景を持つ人と関われることに魅力を感じて、保護係を続けることにしました。次は中区の保護係に異動しました。それが昭和60（1985）年のことです。

一人ひとりの生活を理解するために

小池　中区に異動してから三年目くらいでしょうか。中区には同和地区があって、上司からそこを担当してもらえないかと言われました。名古屋には西区にも大きな同和地区がありました。西区の方は昔から革製品の産業があるんだけど、僕が担当した地区は「バタ屋」しかなかったんですね。

石黒　バタ屋？

小池　廃品回収です。「くず拾い」とも言ってました。要するに、きちんと稼げる仕事がほとんどなかった。

白井　1980年代の後半というと、まさにバブルで景気も良かった時でしょう。そんな中でも、とても貧しいままの地域もあったんですね。

小池　仕事もないし、読み書きのできない人もたくさんいました。「朝起きたら、顔を洗う」といった基本的な生活習慣が身についていない人も多く、結果として子どもたちにも同じような生活が引き継がれてしまう。

担当員として私がずっと思っていたのは「個々人のことを理解する」ということです。どんな生活をしてきたのか。学歴は、幼い頃の生活状況はどうだったか。身内との関係はどうか、といったことを具体的に聞いていきます。

仕事の中では「聞いていた話と違う」と思い、調べてみるとその人が嘘をついていたと分かることもよくありました。でも、誰だって自分にとって都合の悪いことは隠してしまったり、隠すわけではないけど言わないでおこう、と思うことは当たり前じゃないですか。そして、なぜそんなことを言ってしまうかというと、生活保護の制度をきちんと理解してないから、という面もあるんです。本当のことを言うと自分に不利になるかもしれない、と思われていることが多い。

例えば、昔も今もそうだけど「求人はあるのだから、仕事に就かないのはあんたが悪い」といった風潮がずっとあるんですね。生活保護の窓口でも、ハローワークで求職活動をしなさいと指導する。でも、なかなか行かない人がいる。なぜだろうと思って、質問を変えてよくよく聞いてみると、自分の名前と住所は書けるけど、それ以外の読み書きができないと分かる。ひらがなは読めるけど漢字は読めないとかね。だから、ハローワークに行ってもどうしていいか分からない。書類が読めないわけですから。

石黒　なるほど。

小池　でも「自分は字が読めない」なんて言いにくいじゃないですか。だから僕は、書類の不備があると、できるだけ目の前で本人に書いてもらうことにしていました。遠くに行くのにバスに乗らない人がいるから、どうしてだろうと思っていたのですが、行き先の表示が読めないからだ、と分かったりね。

字が書けないとなると、計算はどうだろうと思って、一桁、二桁の暗算をしてもらうと、答えられない。普段の買物はどうしてるのって聞くと、たいがい買う物は一つか二つ、それか三つまでにしていると言う。千円で済むように。千円札を出して、くれるだけのお釣りをもらってくるんだと。うまく使えなかった1円玉や5円玉が家の机の上にいっぱい置かれている人もいました。

僕が担当する以前から、早く仕事を見つけて働きなさいと指導されていた男性がいました。本人も自分は働けると話すのですが、言動になんとなく不安を感じる部分があった。なので、本人の生活に一日付き合ってみたんです。自転車で区役所にやってくるのですが、いつも信号を無視して走っていくんですよ、都心の交通量の多い大通りを。一緒について行くと、頑なに自分の知っている道しか通らない。信号とか道路標識とか、看板の意味を把握できていないんだなと思いました。実際、交通事故に遭って、僕が事故の相手方の人との間に入って話したこともありました。近隣の県の出身だったので、卒業した学校に問い合わせてご本人の成績表を取り寄せました。すると、ほとんどの科目でずっと成績が「1」だったりする。その後、愛護手帳（名古屋市の知的障害者用の手帳）を申請しました。彼はその時初めて、自分に知的障害があると分かったんですね。

そうやって、本人の苦手な部分を見極めて、どんなサポートがあればいいのか考える。市の職員は騙されても、騙したらいかん。僕たちに出来ることは何か、きちんと聞いたうえで援助をする。他の人がこの人は悪いと言っても、担当員は保護を利用している人の味方になる。そのためにはやっぱりいろんなことを聞いて、どの人にもきちんと説明ができるようにしないと。

石黒　不正受給とか、生活保護を利用している人と窓口の職員の間にトラブルがあったりしますよね。小池さんは自分が支持的に関わることでよい関係を築き、生活保護を利用する人の生活を良くしていこうと考えられたわけですね。

小池　そうですね。町のどこに銭湯があるか調べたりもしました。お風呂がなかったり、小さい部屋に住んでいる人も多いけど、銭湯はだんだん少なくなっているじゃないですか。だからここに銭湯があるよとか、福祉会館で無料のシャワーが使えるよっていう説明をしたり。スーパーを回ったりもしました。こっちのお店のほうが安いと話したり、一緒に買い物にも行きました。普段何を買っているかも分かるじゃないですか。こういうものを買っておくと便利だよとか、日持ちのするものを教えたり。要するに、一緒に行動することで暮らしぶりを理解する。

石黒　なるほど！

小池　僕なんかはつい「ああしたら、こうしたら」って言っちゃうんだけど、本当は相手の話をじっくり聞くことが大事なんですよね。家に訪問した時も、こちらからはできるだけ話さないようにして、相手の話を聞く。そうすると、結果として僕の話も聞いてもらえる。訪問してくださいと電話があれば、内容は何も聞かなくても後日訪ねて行くことにしていました。福祉事務所では言いにくいことも、自分の家でなら話せるかもしれないじゃないですか。

家庭訪問は主に自転車で行っていました。駐車場の心配もないし、便利なんですよ。でも、本人の家の前に自転車を置かないとか、自転車の福祉事務所って書いてある部分をテープで隠して停めたりという配慮をしていました。偏見を気にして、近所の人に生活保護だと知られたくない人も多かったですから。

畳が擦り切れてきたとか、布団も古くなってせんべい布団だと分かれば、普段の生活保護費とは別に購入費用を出して買ってもらうことができます。それでも保護費はぎりぎりの生活費分の額でしかないですから、お金がどうしても貯まりにくい。電化製品なんかは急に壊れても買い直すのが難しい。だから、亡くなった人だとか、老人ホームに入った方が使われていた家電をいただいて、区役所の倉庫にプールしておいて、困っている人に持って行ったり。

白井 それは、小池さんの判断でやっていたんですか。

小池 昔から先輩たちもやっていたことですね。今は職員が本当に忙しいからできなくなってしまいましたけど。つい最近も、退職する直前に訪問に行ったら、冷蔵庫が壊れたので3万円くらいで買ったけど、その分生活が大変で、この1週間は袋入りのインスタントラーメンしか食べていないという人がいました。

白井 一人の人にすごくていねいに関わっていたようですが、担当員は一日に何軒回らないといけないとか、そういう決まりはないんですか。

小池 一日あたりのノルマはないけれど、人によって訪問の頻度を決めています。毎月必ず訪問する人、2~3ヶ月に1回という方もいれば、年1回の場合も。必要以上に訪問する必要はないけれど、名古屋市は担当員の数が足りないから、実際には決めた回数よりも少なくしか訪問できないこともありました。全ての人を同じようにはできないけれど、特に必要な人には集中的に関わるようにして、あとはできるだけ決めた基準を守りながら訪問していました。そうすると毎日遅くなるから、残業はいっぱいやりましたよね。でも、きちんと理解できさえすれば、あとはずっと濃厚に関わらなくても大丈夫だったりするから。

白井　ああ、そうか。状況をつかんで、適切なサービスにつなげられれば、担当員だけでなくケアマネさんとか、いろんな人が関わって支えていくことができますもんね。

対峙する人はさまざま

石黒　担当員として、生活保護を利用する人をとりまくいろいろな人とも関わってこられたんですよね。

小池　先ほど話した同和地区を担当したときは、引き継ぎの時に当時その地区でリーダー的な役割をしていた同和団体の役員の所に顔出しに行ったのを覚えています。厳しい環境の中で様々な事情を抱えているせいもあり、決められたルールを守らない人もいたんですよね。そういうときに、本人はもちろんコミュニティの顔役のような人とも話すと上手くいくことは多かったです。

生活保護費で住宅扶助はきちんと出しているのに、家賃を滞納している人とか。僕は改良住宅の事務所の人に相談して白紙の納付書をもらっておいて、保護費が出るたびにすぐ書いて納められるようにしたり。滞納分はいっぺんには払えないけど、本人と事務所に言って毎月の家賃に２０００円とか３０００円ずつプラスして払うようにしてもらったりね。

環境事業所の仕事が紹介されたりはするんだけど、やっぱり同和地区の人の就職は簡単ではなくて。刺青を入れていることで仕事に就けなかったり、その末に覚醒剤に手を出したり、サラ金で多額の借金をしてしまったりという問題なんかは結構ありました。

石黒　借金がある人も多かったんですか。

小池　僕が後に中村区に異動した際に調べた記録だと、生活保護を利用し始める段階で、サラ金など何らかの借金がある人は半数いました。お金がなくても「法テラス」で相談すれば債務整理ができます。でも、法テラスで相談ができるのは1回につき30分。話を整理して要領よく伝える必要があるのですが、誰にでも簡単にできることではないですよね。苦労して話してもほとんど伝わらなくて、また別の日に来てくださいと言われると、もうダメだとくじけてしまう。最初は僕が一緒に法テラスについて行ったり、書類作りを手伝ったり、司法書士さんを紹介してもらったりしていました。入院中の受給者さんの病院にまで取り立てに来た闇金業者もいて、警察に行くぞと言って追い返したこともありました。

でも僕一人でやっていてもきりがないから、中村区と南区では福祉事務所の中で法律相談ができるようにしたんです。市や区の法律相談もあるのですが、それは一般的な法律の説明をするだけでした。福祉事務所での相談は、アドバイスだけでは解決できない場合には司法書士さんが受任して、代理人になって事件の処理までできるようにしたんです。その日を月に1回か2回設けました。最初は一部の人だけの利益になることを役所でやってはいけないと上司に反対されたこともあります。でも、借金問題を解決しないことには、生活保護を受けても生活は立ち行きませんよと説明して。試しに1回やってみましょうと強硬に始めたところはあります。福祉事務所でやるから、担当員も同席できる。借金問題が解決してお金が戻ってくると分かることがあるので、収入認定する分はしたりね。

白井　過払い金が返ってくることがあったわけですね。

小池　いい仕組みだと思ったので、市内の全区に広めようと市役所の本庁にもはたらきかけたんですけど難しくて。だから出来たのはこの二つの区だけなんですけどね。

ケースワーカーが追い詰められないために仲間づくりを

石黒　お話をうかがっていると、小池さんは、区役所の他のケースワーカーさんたちの中でも、すごくたくさんのお仕事をしていると感じました。２０１9年に京都府のある市の生活保護ケースワーカーさんが、担当していた受給者が起こした殺人事件の隠蔽を手伝わされてしまったという事件がありました。受給者が日常的にケースワーカーを恫喝して、精神的に支配してしまっていたとのことで、特殊なケースだったとは思います。ですが、人の人生に深く関わる責任の重い仕事ですから、もしかしたら頑張るほどに、正常な判断ができないほど追い詰められてしまうこともあるのかもしれないと感じました。

小池　ケースワーカーが一人で抱え込まず、組織的に対応することが大事だと、どこでも言われています。でも、現実には組織的な対応ができないことが多いと感じています。例えば一人で家庭訪問をすることに危険を感じて、上司に相談しても忙しいからできない。京都の方も、結局全部ひとりで対応していたんです。まだ30歳くらいの方だったのですが、生活保護係は4年目で、しかも係の中では一番長く在籍していたようです。だから、本人を追い詰めたのは当然利用者なんだけど、組織として事態に対応できなかった福祉事務所にもかなり問題があると思います。

僕でも、一人で家を訪問するのが不安な時がありました。でも、年に一度は必ず訪問しなければいけないし、事務所でもめるのも困る。

だから他の職員と一緒に二人で行くんです。でも、家に二人で上がって話を聞いていると、今までの経緯が分かっていない人のふとした一言で話がこじれてしまったりする。だから一人は外で待っていてもらって、1時間経っても出てこなければ入ってきてくれ、というふうに頼んだりして。でも、そうやってチームで対応していこうとしても、どの福祉事務所も本当に人が足らないので難しいのが現状です。

石黒　そんなに厳しい状況の中でも、小池さんが燃え尽きてしまったり、追い詰められてしまうことがなかったのはなぜでしょうか。

小池　やっぱり、信頼できる仲間に話をすることができたからでしょうね。最初にお話しした公的扶助研究会などの仲間に相談しながら仕事をしてきました。同じく先ほど話した東海福祉事務所論研究会はもう無くなっちゃったんですが、現在は「東海ホームレス生活保護研究会」の仲間がいることが心強いです。同じく現場と研究者で作る研究会です。僕は今、日本福祉大学の山田壮志郎先生と一緒に共同代表をやってます。そういう研究会の活動が、生活保護の仕事を長く続ける原動力の一つだったなと思います。

僕は職場の若い人たちには、いきなり研究会はハードルが高いかもしれないけれど、同期のメンバーとか、気の置けない仲間で集まって、先輩の悪口でもいいから、話す機会を持つといいよってよく話していました。

石黒　職場の中でも外でもいいから、とにかく孤立しないで仲間を作っていこうということでしょうか。

小池　事件のあとで京都の方の職場の労働組合などが中心となって、減刑の署名を集めたりしています。職員を孤立させたままでは、また同じ問題が起きてしまいます。

孤立し、力をなくしていく人たち

石黒　小池さんは40年以上にわたって生活保護の仕事をされてきたわけですが、受給している人から見て、裁判で争われている2013年からの保護費の引き下げにはどんな影響があったと思われますか。

小池　僕が役所に入った頃は、生活保護費の基準は米価補正も含めて年に4回とか5回、上がってたんですよ。年度が変わる4月だけじゃなくて、7月とかにも改定がありましたから。

石黒　上がってたんですか！

白井　ああ、昔ね、1970年代とかは。

小池　今回の引き下げに関しては、僕の関わっていた人たちはほとんど生活が大変になって困ると言っていました。国は物価が下がったから保護費も下げると言っている、と説明すると、食料品の値段はむしろ上がってるよね？と言われました。値段は変わっていないように見えても、80グラム入ってたのが60グラムになっているよねとか。

ただ、電化製品は安くなりましたよね。昔はテレビは1インチ1万円と言われていて、30インチだと30万円したのが、今では安いお店だと1万9800円とか、2万9800円で買えますよね。冷蔵庫もパソコンもそうです。でも、20万円のパソコンが10万円に下がったとして、保護を受けている人が買えるかと言ったら買えないですよ。引き下げが決まった時、僕は実態調査をしようと南区で担当していた130世帯ぐらいの全てに聞き取りをしました。すると、ここ最近でテレビを買ったと答えたのは3人くらい。壊れて見られなくなったという理由で。でも他の人は、地上デジタル放送に切り替わるタイミングだったにもかかわらず、買っていないんです。生活保護の人は無料のチューナーがもらえたので、それで済ませたんですね。

他には冷蔵庫を買った人が2人。こちらも壊れたから仕方なく買ったと。テレビもそうなんですけど、昔と比べて値が下がっている新製品ではなく、中古品やすごく低スペックのモデルで安いのを買っていました。パソコンを買ったという人は一人もいなかったです。つまり、物価が下がった恩恵を受けた人はほぼいない。

電化製品どころか、衣類ですら何年も買っていない人が多かった。下着はボロボロでも外からは見えんからと買わなかったり。あとは食費を削って、保護費の支給日までの最後の1週間はラーメン1日1個だけで食いつなぐとか。

高齢化してくると知り合いが亡くなることが増えますよね。お葬式に3千円でも香典持って行きたいけれど、その金がない。だから、亡くなったことすら知らないようにしようと、外に出ずに家の中に閉じ籠もるようになる。だから孤立しちゃうんですね。僕が訪問すると、ここ1週間で話したのは小池さんが初めてだという人が増えました。そんなにひどい状況だから、原告となって引き下げ反対の訴訟を起こすこともできますよ、と話したこともあります。だけど、小池さんはよくても福祉事務所の上の人とか、他の人から何か言われるかもしれないし、それは嫌だからと黙っちゃいます。おかしいって思っていても。

白井　福祉事務所は生活保護を受給している人の生活を握っているとも言えるわけですからね。

小池　生活保護を利用している人たちが孤立して、生きがいとか、生きる力がなくなっているというのは強く思います。その理由の一つに、資産調査があると思っています。昔は生活保護を受給中の人の預貯金を、ケースワーカーが調査することはありませんでした。病気や入院のために本人が貯金を管理できない場合についてだけ調べて、預貯金の金額によっては、保護を停止したり加算を止めたりすることはありましたが。それが今では、全員の預貯金の金額を毎年確認することが義務づけられています。必要な場合はやむを得ませんが、全員に対してする必要があるのかなと思います。

繰り返しますが保護費だけではぎりぎりの生活費にしかなりません。もしも電化製品が壊れたら、といった事態を考えると、毎月少しずつでも貯金して、10万か20万円は貯めておきたいですよね。でも、区役所の人に貯金がばれると保護を切られるのではないかと心配して、隠す人もいるんです。貯金があっても、きちんと目的があって残していると言ってくれれば問題はないよって言えるんですけど。それを職員もていねいに説明する時間がなくて、「とにかく通帳を見せてください、決まりですから」となりがちなんです。でも、自分の通帳の残高を他人に見せるなんて相当のストレスですよね。結果として、皆さんがきちんとした話をしてくれなくなったというか、信頼関係が作りにくくなったというのはあります。そもそも、基準が引き下げられて、貯金もどんどん難しくなっているんですが……。

石黒　資産調査をすることによって「生活保護を利用する=役所に管理される」という意識が高まってしまったのかもしれないですね。

小池　僕たちケースワーカーの仕事全般を振り返ってみてもそういう面があったのかもしれません。福祉事務所の都合で聞きたいことだけを聞いて、相手が困っていることとか、話したいことを聞かない。そんなことが繰り返されると、ケースワーカーに話をしなくなっちゃいますよね。

石黒　引き下げ反対の裁判では1000人を越える方が原告となっているんですけど、生活保護を利用している人全体の数からしたら、とても少ないのではないかと思っていたんです。でも、声を上げる力を失くしていくような環境があったのだなと感じました。

小池　引き下げも含め、生活保護の制度について説明するのは保護係の職員の仕事です。僕は引き下げはおかしいよねって利用者さんたちにも言ってたんだけど、他の人は、とはいえ国が決めたことだからどうしようもないよね、と話すだけになってしまいますよね。加えて思ったのは、ケースワーカーの中にも、元の生活保護基準が「高い」と思っている人が少なくないのではないかと。

名古屋市をはじめ公務員も給料がどんどん下がっています。若い職員だと、毎月の給料と、母子世帯で子どもが二人いる家の生活保護基準とを比べると、母子世帯の金額の方が多いこともある。詳しい生活実態を見ずに、単純にそれだけもらっていると考えるとショックを受ける職員もいるでしょう。職員にはボーナスがあるから、年収で見れば職員の方が少ないわけではないでしょうが。最近、昼に外食する職員が少なくなりましたもの。外で食べてコーヒーを飲むと1000円くらいかかっちゃうじゃないですか。それを節約するために、自分で弁当作って持ってきたり、宅配の350円のお弁当を取る人が増えました。

白井　いやあ、そこが重要で、生活保護の基準を下げる時に中間層までじわっと消費水準も給与水準も下がっていたんですよね。そうすると、世間全体が生活保護を下げやすい空気になるんだよ。

本当は「最低生活費」の基準だから、世の中がどうなろうと変わりがあってはいけないものなんだけど。でも、イメージ的に変えやすくはなるよね。中間層まで落ち込んでるんだから……と。それっておかしいんですけどね。おかしいんだけど、そういうもんなんだよね。

石黒　市の職員ですら給料が減ってる中で、なんで生活保護はっていう……。

小池　そうそう。ていねいな聞き取りや訪問もできないほど忙しいから、生活保護受けてる人はどういう生活をしてるかどうかも見えてこない。だからなおのこと分からないんですね。見てる人は見てるんだけど。

生活保護の制度の改正に対して、名古屋市から国へ意見を出すこともできます。でも、名古屋市として意見がまとまらないとなかなか出せない。国の言ってることに対して、俺たちが言っても変わるわけじゃないし、国が決めたことだから仕方がないですっていう説明だけをしていると、誇りを持って働くとか、仕事のやりがいというのは見えなくなっていきますよ。それならば事務処理だけを要領よくやっていこうと考えるのも無理はないんです。

名古屋市は政令指定都市の中ではケースワーカーの数の足らなさではワースト3に入ります。200人以上足りていないのです。ケースワーカー1人が担当できるのは、国の基準では80世帯までとなっています。その基準通りにしようとするとあと200人は必要なんです。現状ではみんな100世帯以上を受け持っています。さらに良くないことに、近隣の市町村も同じく人が足らないのですが、名古屋市に比べたらウチの方がいいだろうと、我慢してしまっている。

名古屋市は「福祉職採用」という枠で、福祉の勉強をした人を毎年50人くらいは採るんです。でも、勉強してきた人が現場に入っても希望が持てなくて、辞めたり生活保護以外の現場に異動の希望を出す人が少なくありません。忙しくて相談も訪問も思うようにできないし、この人のためにと手間をかけても「仕事が遅い」と言われてしまったり。名古屋市ではケースワークはできないなって言われたこともあります。

担当員に加えて、係長・スーパーバイザー（担当員に助言や指導をする係）は、名古屋市は全国一配置率が低いです。係長になっても仕事がしんどいから、降格してくださいと願い出る人もいます。

白井　生活保護受給者の生活実態を知らないで論じる人や、ケースワークの意味も分からない人が、役所の中にもけっこういるんでしょうね。マクロな視点で市の財政を考えたいと思って公務員になった人などは、対人援助について学ぶ機会もなかっただろうし、いきなり現場に配属されても大変でしょうね。

憲法と生活保護法の理念に忠実な制度に

石黒　生活保護行政の現場には、ぎりぎりの状態から人が人生を取り戻していける機会がある一方で、さまざまな困難もあることを教えていただきました。小池さんは現場から見て、生活保護がどんな制度になっていくといいとお考えになっていますか。

小池　何よりも、健康で文化的な最低限度の生活という保障をきちんとすること。「健康で文化的な最低限度の生活」具体的にはがどんな内容なのか、きちんと話し合っていく必要はあると思いますが。でも、少なくとも香典が出せなくて人と付き合えない、家に閉じこもってしまうという今の状況はどうでしょうか。社会生活ができない現状は良くないと思いますね。

二つ目は、誰でも必要な時に保護が受けられる制度です。保護開始時の手持金は最低基準の2分の1までは認められていません。基準が10万円の人が、6万円持ってると5万円は収入認定しませんから使っていいですよ、1万円は生活費に回してもらうので、保護費はあと9万円支給しますねということです。つまり、現状だと6万円持っていると、最初は10万円から手持金を引いた4万円しか支給されません。これでは生活費以外に全く余裕のない暮らししかできませんから、開始時の手持金は最低基準の1ヶ月分、この場合は10万円までは認めてほしいな。その方が、余裕を持って生活を立て直して、就職活動にも取り組める人が増えると思うんです。

加えて、保護の廃止をする時の制度も考え直した方がいいと思います。毎月の収入が一定以上になると、稼げるようになったから生活保護は卒業ね、となる。例えば収入が基準より1000円でも超えれば、生活保護は廃止です。でも、やはり月収の1~2ヶ月分ぐらいは蓄えて、貯金を持って卒業（廃止）ができる制度にならないかなと。方法はいくらでもあると思うんです、例えば20万円までは収入認定しないことにするとか。または、通帳を役所で預かっておいて、廃止の時に予備費として20万円渡すだとか。今のままだと、稼げるようになったはずなのに保護を廃止することで逆に生活が苦しくなってしまう。廃止後に生活に余裕が持てる仕組みにしたいですよね。

石黒　今の制度だと、手持ちのお金がなくなるまで生活保護を受けられず、やめるときも少しの余裕もなく、また不安定な生活からのスタートになってしまう。「受けづらく、抜けにくい」制度になっているんですね。他にはどんなことが必要とお考えですか。

小池　まずは現在の法律をきちんと守ることこそが大事だと思います。生活保護法に基づいてできることも、福祉事務所は「前例がない」などの理由で認めないことがあるんです。

石黒　例えばどんなことが「できない」と言われるのでしょうか。

小池　よく言われることだと、生活保護を利用したくて窓口に行っても申請書すら受け取ってもらえないとか。いわゆる水際作戦ですね。

他には、市営住宅とか、転居した部屋に風呂がない場合、普段の生活保護費にプラスして風呂の設備を付ける費用が出るんです。さらに、網戸がない場合は網戸も付けられる。でも、網戸まで付けると通常の金額よりも少し多くのお金を出す「特別基準」になる。そうするといつもより多く書類を作らなきゃいけないから、職員には敬遠される。だから「風呂はいいけど網戸はだめだよ」って言ったり。一般的な基準では確かにお金が出ないんだけど、特別基準にすれば付けられるはずなのに……。生活保護の受給中におかしいなと思うことがあっても、なかなか担当者に言えないし、言っても聞き入れてもらえなかったりする。

石黒　私なら、下手に逆らったら保護を受けられなくなるんじゃないかとか、気まずくなって困ったときに担当者に相談できないんじゃないか……と思ってしまいそうです。

小池　そういう時、今は「不服申立」という仕組みがあって、県に訴えることができます。加えて、今回の裁判のように福祉事務所長などを相手取って訴訟を起こすことも可能です。でも、訴訟なんて大げさなこと、できればやりたくないですよね。不服申し立てをして、国や県から指導があっても、現場がその通りに動かないことも残念ながらあります。

僕が中村区の福祉事務所にいたときは、「ホームレスのやつらには生活保護を受けさせないでいいんだ」って平気で言っている人もいました。法律的にはおかしいと分かっていても。今はそんなことはありませんが。でも、今でも市の職員が時間をかけて生活保護について学ぶ機会はありません。受給者に対して様々な考えを持った人が、生活保護の係に異動してくるという現状があります。研修を充実させたり、それでも難しい人は速やかに配置換えをすることも含めて考えながら、信頼できる職員を増やしていくことも必要かと思います。生活保護を利用する人は、福祉事務所も担当者も選ぶことができないわけですから。

僕は生活保護行政に関する第三者機関ができるといいとも思っています。そこに権限があって、受給者からの訴えがあって、名古屋市の処分はおかしいとなったらすぐ指導できるような。ドイツなんかはそういう仕組みがあるそうですね。

福祉事務所の対応を改善するのと同時に、それこそ生活保護受給者は年に1回も旅行に行けない、国民の大多数は行けてるのに、といった声を集めて、それがちゃんと制度に反映されていくことも必要ですよね。僕は今後も研究会活動などを通じて、少しずつでもやっていきたいと考えています。

名古屋地裁判決の問題

木村草太◉憲法学

今回の判決には、三つの問題がある。

第一の問題は、第一・10分位の消費水準を最低限度生活の基準とする「ゆがみ調整」だ。判決は、①「統計結果によれば、第Ⅰ―10分位の世帯の平均消費水準は中低位所得階層の約6割に達している」こと、②「冷蔵庫、炊飯器、テレビ等一般市民の過半数が必要と考えている消費財について」、一般低所得世帯の普及率は中位の所得世帯の普及率の9割程度になっていること、を根拠にゆがみ調整を妥当とした。

しかし、この論証は話のすり替えだ。判決は、結局のところ「中位の所得世帯との比較」と「耐久消費財の普及率」から最低限度生活の内容を画定している。もしそのような算定方式をとるのならば、一般低所得世帯の生活水準を参照する必要はない。最初から、中位所得世帯の消費水準の何割程度であれば十分な生活ができるのかを論拠とともに示し、生活保護利用世帯の耐久消費財の普及率を示すべきだ。

第二の問題はデフレ調整だ。本判決は、物価下落により「生活扶助基準が実質的に増加した」ので、デフレ調整を行うことに問題はないとする。だが、判決は、一般低所得世帯の消費水準が最低限度生活の内容にあたるとして、ゆがみ調整を正当化していた。ゆがみ調整にデフレ調整を加えれば、生活扶助基準は、一般低所得世帯の生活水準、すなわち判決の認定した最低限度生活を下回ることになる。判決の論証には矛盾がある。

第三の問題は、判決が「国の財政事情、他の政策等の多方面にわたる諸事情を広く考慮する必要がある」として、一部国民の生活保護への反感など事情を考慮するのも許されるとしたことだ。

「国の財政事情が悪くなったり、生活保護への反感が高まったりすれば、困窮者の生活水準が向上する」などという因果関係はない。これらの事情を、生活扶助基準決定の考慮要素にしてよいはずがない。

本判決の判断には不可解な点が多い。早期に是正されるべきだろう。

インタビュー

「生活保護基準の引き下げ」を求める「国民感情」は本当にあるのか

山田壮志郎◉日本福祉大学社会福祉学部教授・NPO法人ささしまサポートセンター事務局長

「いのちのとりで裁判」で名古屋地裁は、生活保護基準の引き下げは厚生労働大臣の裁量権の範囲内であり違法ではないとして、原告の訴えをすべて退けた。そして、判決の根拠のひとつとして角谷昌毅裁判長が「自民党の政策は、国民感情や国の財政事情を踏まえたもの」と述べたことは、大きな衝撃をもって受け止められた。「最低生活の基準」に「国民感情」や「財政事情」を持ち込むことを司法が自ら許してしまったとも言える、異例の判決だ。

たしかに生活保護受給者に対する心ない言説はあふれている。いわゆる「生活保護バッシング」だ。でも、誰が、なぜ、何のために生活保護制度や受給者を叩いているのだろう?それは「国民感情」として持ち出されるほど、当たり前のこととなっているのだろうか。

生活保護基準の設定に「国民感情」を持ち込むことへの批判は重要だが、ここでは山田壮志郎さんによる調査結果をもとに、「本当に国民は『生活保護基準を引き下げるべき』と思っているのだろうか?」ということを考えてみた。

引き下げ反対派も賛成派も、とかく感情的になりがちな議論の中で、客観的なデータと事実をもとに、思い込みや間違ったイメージを排していくことが必要ではないだろうか。その態度こそが意見の異なる人との間にコミュニケーションの回路を開き、より良い制度、より良い国のあり方を考えていくことにつながるのだと考える。

社会的に孤立し続ける人たち

石黒　山田さんは大学生の頃から20年以上、ホームレスの人と関わる活動をされています。著書「ホームレス経験者が地域で定着できる条件は何か」(ミネルヴァ書房)では、野宿生活をしていた人が生活保護を受給してアパートで暮らし始めた後も、依然として社会的に排除されている状況にあるということが書かれていましたね。

山田　２０１２年から２０１８年まで、ホームレス状態を経験したことがある人で、いまはアパートなどで暮らしている人に毎年継続してアンケート調査をしました。ほとんどは生活保護を受けて暮らしている人です。そうした人の生活の現状がどのようなものかを調べました。例えば健康状態。野宿生活をしている人は当然、健康状態があまり良くないのですが、アパートに移った後も、高血圧などの持病であったり、何らかの身体の不調を自覚している人が多いんですね。精神的な健康状態についても調べたところ、半数くらいの人が注意を要する状態になっていました。一般の市民に対する同じ調査だと、40代の男性で30%、女性では24%となっていますから、高い割合にあることが分かります。

他には、人間関係についての悩みを抱えている人が多いことが分かりました。同じアパートの住民との関係に悩んでいたりとか。また、家族や友人、近隣の人との交流や、趣味の集まりとか冠婚葬祭といった社会的な活動に参加している人が非常に少ない。そして、さみしさとか孤独感を感じている人も半数以上いらっしゃいました。要するに、ホームレス状態から脱却してもずっと孤立している。社会とのつながり、関わりが薄い状態で暮らしている方が多いんですね。

石黒　生活保護を受けて、屋根のあるところで暮らせるようになれば、それでめでたしめでたしというわけでもないんですね。

山田　今回の調査でも、認定NPO法人ビッグイシュー基金の調査（若者ホームレス白書）でも、一割の人に親との離別経験、つまり児童養護施設とか里親の元で暮らした経験がありました。これも一般の市民と比べると非常に高い割合です。そもそも家族や友人知人との縁が切れてしまうということが、住むところを失ってホームレス生活に陥ってしまう大きなきっかけになっているわけです。生活保護を利用することで、家や生活保護費は得られても、人間関係や社会関係までは回復することができなくて、引き続き排除された状態にある。ホームレス経験のある人はとりわけこうした傾向が強いですが、生活保護を利用している人全般にも似た傾向があると考えています。

石黒　憲法で定められた「健康で文化的な最低限度の生活を営む権利」を保障することが生活保護制度なのかなと思っていたのですが、今回の調査結果をみると、それほど健康でもなく、文化的といえるかどうかもあやしい生活のように感じますね。

山田　生活保護を受ける前から持病がある人も多いと思うし、直ちに制度の不備のせいだとは言えないですけどね。住まいや医療、生活費といったものは、生活保護を含めたさまざまな制度で保障することが可能です。でも、人間関係や社会関係を制度的に担保することは難しいのではないか。むしろ地域のNPOだとか、インフォーマルな団体で取り組むことが大事なのではないかと思っています。私が事務局長を務めているNPO法人ささしまサポートセンターでは、生活保護を受けている人たちどうしの交流の場とか、仲間づくりの取り組みを定期的に行っています。

「生活保護バッシング」に追い詰められる

山田　精神的な健康に話を戻すと、前述の『ホームレス経験者が地域で定着できる条件は何か』で中部大学の吉住隆弘さんが書かれていることなのですが、一般的には40代から70代にかけて徐々に精神的な健康状態が安定する傾向があります。この世代は子育てや仕事がひと段落する時期ですから、だんだんとストレスから解放されていくのだろうと考えられています。しかし今回の調査では、生活保護を受給している人たちは、60代くらいまで精神的な健康を損なうリスクがずっと高いままでした。70代になると低くなるんですが。

生活保護受給者は普段から「甘えている」とか「不正受給ではないか」とバッシングされることが多いわけです。加えて、働く意欲はあるのに仕事に就けずに悩んでいる人も少なくない。今回の調査でも、生活保護を受けていることについて、周りからの目が気になることがあるかと聞いたときに、やはり若い人ほど気になっているという答えが多いわけです。高齢者であればそれほど働くことは要求されないけれど、若い人ほど社会的にも、福祉事務所からも就職に対するプレッシャーは強い。だから、稼働年齢層である60代までは、自分自身と社会から受ける「自立」に伴うストレスにさらされ続けているのではないかと。

石黒　「生活保護を利用している＝働いていない、自立していない」自分はダメだと思わされてしまっているんですね。

山田　「今の生活に満足しているか」という質問もしました。こちらも一般の世論調査と比較すると満足度が低い。世論調査だと「満足している」が73％くらいですが、今回の調査では半数くらいですね。そして年齢が若くなるにつれて「満足していない」という人の割合が増えています。やはり、周囲からの目や就労に対するプレッシャーが、生活満足度や精神的な健康、社会関係に関するところにマイナスの影響を及ぼしているのかなと思います。

石黒　山田さんは、生活保護受給者に対する周囲の視線の厳しさ、マスメディアによる報道のされ方の関連も調べられていますよね。

山田　２００９年から２０１５年の間の大衆誌と呼ばれる週刊誌の生活保護関連の記事を調べました。テキストマイニングといって、記事の中にどんな言葉が頻出するかをみていったんです。生活保護の記事が特に多かったのは２０１２年。ある芸能人が、自身は売れっ子で十分な収入があるのに、親族が生活保護を受給しているとして大バッシングが起こった時ですね。でも、それ以前でも以降でも、全体として言えることは、生活保護が週刊誌で取り上げられるのは、ネガティブな事件がきっかけなんです。例えば、脱法ドラッグを使って罪を犯した人が生活保護受給者だったとか、いわゆる貧困ビジネスの問題だとか。だから、どうしても生活保護に対するイメージも悪くなっていくのかなと。

石黒　スキャンダラスに報道されているということですね。

山田　週刊誌、とくに芸能誌や大衆誌と呼ばれるメディアには、生活保護以外のトピックでも煽情的に書かれることはあるので、やむを得ない部分もあるのかなとは思います。でも、それを「何も分かっていない記者が言っていることだ」と切り捨てるのではなく、こうした記事が世論に与える影響の大きさをきちんと受け止めながら、「いのちのとりで裁判」をはじめとする運動も展開していくべきではないかと思います。

「生活保護基準引き下げ」を求める「国民感情」は本当にあるのか?

石黒　報道ではネガティブに取り上げられていますけど、実際に世間の人が生活保護に対してどんな見方をしているかを調べた調査はあるのでしょうか。

山田　２０１４年に生活保護に関するイメージ調査をしたことがあります。２０１６年にシノドスというＷＥＢメディアに掲載してもらった結果があるので少し紹介しますね。(「生活保護基準引き下げは、市民感情を反映しているか?」２０１６年6月16日　https://synodos.jp/society/17299)

今回の「いのちのとりで裁判」で、名古屋地裁は生活保護費の引き下げは違法ではないという判決を出しました。その根拠として裁判長は「国民感情」や国の財政事情を踏まえたもの」であると延べています。生活保護費の算定基準に「国民感情」や財政事情を入れてよいのかという議論がまず重要ですが、ここでは「では、国民は生活保護費について本当に『高すぎる』と考えているのかどうか」という調査の結果がありますので、それをみてみましょう。

生活保護費の「予想額」と「理想額」を一般の市民の方に聞くというアンケートをしました。「予想額」とは、今の生活保護費はいくらくらいだと思いますか?という質問です。そして、「理想額」とは、現実がいくらであるかはともかく、生活保護費はどれくらいの金額であるべきかと考えているかを問いました。例えば、今の生活保護費はひと月あたり10万円くらいだと思っていて、いくらであるべきかは8万円と考えていたとしたら、その人は現実の生活保護費は高すぎると感じているということです。逆に、現実が8万で、理想が10万だと思っている人は、もっとたくさん払うべきだと考えているわけですよね。

要するに、理想額から予想額を引いた額がマイナスの人は生活保護費引き下げ派だし、プラスなら引き上げ派。差がゼロなら現状維持派と考えられると想定したんです。実際に調査してみたら、多くの人は差額ゼロでした。高すぎると思っている人も、低すぎると考えている人も特別に多いわけではありませんでした。引き下げ派が33％、現状維持派が37％、引き上げ派が28％でした。それぞれだいたい3割くらいずつで拮抗していると言えます。

石黒　生活保護基準が高すぎると思っている人は、少なくとも多数派ではないのですね。

山田　生活保護費の金額、生活保護基準といったところではそれほど関心を持たれていないのではないかと思います。ちなみに、芸能人がバッシングされた際に話題になった「親族への扶養義務を強化すべきと思いますか」という質問でも「そう思う」は41％で、半数を割っています。このときは2014年で、2012年のバッシングの影響がまだあったのかなと思います。2018年に同じ調査をした際にはもう少し低くなっています。でも「不正受給への罰則を強化すべきと思うか」と「生活保護費によるギャンブルは禁止すべきか」といったことがらについて聞くと、高い割合で「そう思う」と答える人が多かったんです。

要するに、扶養義務や生活保護基準はそれほどでもないけれど、不正受給やギャンブルへの関心は高い。そうした「不正受給なんて許せん」「働かないのにギャンブルはするのか」といった「国民感情」の高まりに便乗して、ほとんど関心を持たれていない生活保護基準が引き下げられたり、生活保護法の改正で家族など扶養義務者への通知とか、扶養要請の強化が行われてしまったのかなと思います。

生活保護はなぜバッシングされるのか

白井　生活保護費の話をすると、国民年金の受給額と比較する議論が出てきます。国民年金の満額の受給額が一と月あたり6万5000円だったりする。それと比べて、生活保護の生活扶助費が7～8万というのは高すぎる、とバッシングされることがあります。ワーキングプアならぬ「年金プア」の人たちからです。そうした方々の中には、生活保護を受けている人に対して大変厳しい感情を持っている人たちがいます。まじめに働いて年金も払ってきたのに、これだけしかもらえない。理不尽だ、という怒りは、本当は生活保護受給者に向けるべきものではないのですが。年金だけでは生活費が足りなければ、生活保護を受けて不足分の金額を受け取ることができます。でも、「生活保護を受給することは良くない、恥ずかしい」という思いが強いんですね。

山田　先の調査では「老齢年金の額よりも、生活保護費が多いときがある」「最低賃金で働いたときよりも、生活保護費の額が上回ることがある」といった状況を、どんな方法で解決するべきかとも聞いています。年金や最低賃金を上げるのか、生活保護費を下げるべきなのかとか。全体では、年金や最低賃金を上げる派と生活保護費を下げる派は拮抗しています。でも、年齢別に見てみると少し違う。年金で言えば、若い人は生活保護費を下げるべきという意見が多いけれど、年齢が上がってくると年金引き上げ派が多くなる。年金が身近な、自分の問題として実感できるようになるからでしょう。

最低賃金は、全体的に引き上げに対して肯定的なのですが、所得階層が低い人ほど引き上げ派が多いという結果になりました。年金や最低賃金の方が低いと言われれば、生活保護費が高いのはおかしいとそのときは思うかもしれません。でも、よくよく考えれば年金や最賃の引き上げの方が必要だということは理解してもらえるのではないかと思うんです。そういったことを、きちんと伝えていくことが必要ですね。

石黒　こうしてみると、「国民感情」というほど生活保護制度をどうにかしたいと思っている人はいないのかなという気がしますね。

山田　先ほど白井さんがおっしゃったように、いわゆるワーキングプアとか年金プアとか、不安定な環境に置かれている人が生活保護に対して不満を持っている—僕もこうした仮説を持って研究してきました。けれど、アンケート調査などをしてみると実はそうでもなくて、比較的所得が高い人たちの方が厳しい見方をしていることが多いんです。「生活保護費は高すぎると思うか」「生活保護受給者も医療費を自己負担するべきか」といったことに対して、非正規雇用で働いている人や無職の人は賛成する人が少ない。こうした不安定な就労状態にある人は、生活保護受給者と階層的な距離が近いので理解があるのかなと解釈しています。同じような調査を何度かやっても、やっぱり所得が低い人たちのほうが寛容だという結果が出るんです。

一方で、所得が高い人たちのほうが生活保護に対して厳しいという結果も一貫しています。特に不正受給とギャンブルについては厳しいですよ。生活保護費は高すぎるとか、生活保護受給者も医療費を負担すべきといった議論は生活保護と他の社会保障制度の不均衡の話なのですが、不正受給やギャンブルについては生活保護受給者のモラルに関することなんですね。収入が高い人と、「情報源として信頼して利用しているメディアは何か」という質問に、「新聞」と答えた人は不正受給とギャンブルに厳しい。他の先行研究などを鑑みても、新聞をよく読んでいる人というのは高収入層と共通した特徴を持っていて、要するにインテリ層というのかな。モラルの問題から生活保護に厳しい目を向ける人というのは、やっぱりハイソな人なのかなということが、調査結果を見て感じるところです。

石黒　長時間働いても生活保護基準ギリギリの給料しかもらえない人たちが、自分たちは医療費も自分で払っているのに……と厳しい意見を持っているのではないかと考えていたのですが、そうでもないのですね。

山田　いわゆるワーキングプア層の人たちは、今までのアンケートだけでは測れないもっと複雑な思いも抱えていると思います。私としてはそこをもう少し明らかにしたいという気持ちはあります。でも、現時点までの調査の結果から得られているのは、高収入層の人のほうが厳しくて、低所得の人の方が寛容な傾向があるということです。

白井　長く新聞社に勤めていた私の感覚だと、社員には「生活保護を受けている人は怠けている」という見方をしている人が多いんです。新聞記者は、みんな非常に頑張って勉強して、努力の末に狭き門である記者職につけた人たちです。なおかつ、入社してからも朝から晩まで忙しく、大変な仕事をしているという意識があるし、実際すごく頑張っている人ばかりです。だから、厳しい生活が嫌ならあなたも努力すればいいじゃない、頑張って働けばいいと考えがちなのでしょうね。

　でも、それは全くの誤解でね。どんな人が生活保護を利用しているかは少し調べればすぐ分かりますから。単なる思い込みで、努力しなかったから悪いと考えてしまっている。同じように、新聞を日常的にしっかり読んでいる人たちも、今までとても頑張ってきたという自負があるのではないかと思うんです。

山田　そうでしょうね。収入が高い人も低い人もみんな頑張っているんですよね。自分が楽してお金を儲けていると思っている人はいなくて、自分が努力してきた結果だと思っているでしょうから。その意識が、高所得の人の方が高いのかもしれないですね。

白井　実家にお金があって、学生時代にそれほどアルバイトしなくてもよくて、勉強にあてられる時間が多かったとか、努力できる環境にあったということもあるでしょうし。そうした環境で育った人たちは、なかなか「貧しい生活」の実態が分からないですからね。

山田　まあ、そうですね。だからこそ高収入層ほどモラルの問題に厳しいのでしょうね。

生活保護に対する理解をどう広げていくか

白井　山田さんや石黒さんはささしまサポートセンターで、生活保護の引き下げが生活に直接影響する人たちと日々関わっているわけでしょう。そうした人たちの生活の状況を、もっとマスコミに伝えていったらどうですか。食費を切り詰めた献立の内容を見たら、その厳しさが分かりますから。

石黒　でも、どうやって伝えていくかはとても悩むところです。確かに生活は厳しいけれど、「貧困ポルノ」のように取り上げられてしまったり、殊更に「かわいそうな人たち」というイメージがついてしまうのも違うと私は考えているので。

山田　全国の福祉系の大学で「公的扶助論」という授業を受講した前後で、学生たちの生活保護に対する意識がどう変わったかを調べる調査も行いました。「公的扶助論」というのは、社会保障制度やその歴史、理念とか、貧困とは何か、といったことを学ぶ科目です。受講後には、漏給防止意識というのですが、生活保護が受けられるはずなのに制度から漏れてしまう、受けられていない人をなくしていきましょうという意識が確実に高まっていました。

授業を通じて「本当は必要がないのに生活保護を受けている人が多い」というイメージが変わると、生活保護に対してより寛容な態度が形成されるということも分かりました。白井さんがおっしゃった通り、貧困の原因は怠けているといった個人の問題じゃなくて、社会的なところにあるんだという理解が広まっていくといいんでしょうね。

石黒　私は今回の裁判では原告側の主張が圧倒していたと思っていました。法律に照らしても基準の決め方はおかしいし、岩田正美先生のような専門家を呼んでおいて、まったく意見を聞かないというのもひどいですよね。さらに2019年に厚生労働省の「毎月勤労統計調査」で不正があった時には大問題になりましたよね。今回、白井さんも証言された物価偽装の問題も同様に重大なことだと思うんですが、なかなか報道されることも少ない。加えて、歴史的ともいえる不当判決が出たのに、それほど話題になっていない気がします……。

山田さんは長くこうした運動と研究の両方に関わってこられて、この問題の広がりが弱いのはなぜだと考えていらっしゃいますか。

山田　広がらないというのは、市民全体の関心が高まらないということですよね。確かに、先日Twitter上のデモによって森友学園をめぐる財務省の公文書改ざん問題に関わっていたとされる黒川検事長を辞任に追い込んだり、検察庁法案成立が見送られた、といった盛り上がりにはなっていないですね。やっぱり生活保護に対する関心の問題でしょうね。Twitterに検察庁法に反対する意見を投稿した有名人が、同じように生活保護基準引き下げについてもツイートしてくれるか？と考えると、あまり実感がわきません。地味なトピックスだと思われていたり、そもそも関心を持たれていないことに加えて、生活保護バッシングの高まりによって負のイメージがついたことも原因としてあるのかなと思います。

石黒　山田さんは名古屋地裁の判決が出る前、「裁判に勝ったとしても、報道のされ方によっては余計にバッシングされてしまうのではないか」と危惧されていましたよね。

山田　調査では、生活保護基準が高すぎると思っている人はさほどいなかったけれど、「不正受給している人が多いんでしょ」とか「ギャンブルに使ってしまうんでしょう」という「国民感情」は根強いのかもしれないという結果が推察されます。

これからの裁判では勝訴判決が出て、保護費を下げ過ぎていたことが認められるとします。勤労統計の問題で失業保険が少なく計算されていた人にお金を返しているように、当然生活保護を受給していた人たちにも返します。それは何億円、何兆円になるか分からないですが、それだけの国費が使われます。その時、どう報じられて、見た人にどう受け止められるのかと想像すると不安を感じます。

多くの人が「もっとお金を使うべきだ」と考えている制度であれば、当然だ、いいことだという世論になるでしょう。でも、はたして生活保護がそのように受け止められているか？と考えると、心配になりますね。

石黒　新聞の見出しに「生活保護費○億円追加支給へ」と出たら、「えっ、そんなにたくさん生活保護に使うの？」と受け止められるのではないかということですね。

山田　だから物価偽装の問題はすごく大事だと思うんですよ。僕は当然のことながら、今回の生活保護費の引き下げによって、憲法で保障された生存権が侵害されていると思っています。裁判では、絶対に憲法の理念にかなっているかどうかで闘ってほしいし、闘うべきだと思っています。

けれども、そうした話が世間で今、どれくらい伝わっているかと考えると心許ないのです。不正受給が多いのではないか、ギャンブルに使っているんだろうと訝しむ人たちからすると、「生活保護受給者の生活は健康で文化的な最低限度とは言えない」とか「かつかつの暮らしなんだ」という訴えにどれだけ共感してもらえるだろうかと。

ただ、物価の計算を偽っているという話は多くの人に素直に受け止めてもらえるのではないかと思っていて。物価偽装もそうだし、岩田先生の審議会の情報を操作したりだとか、官僚が好き勝手なことをしているということは、他のニュースに対する反応を見ていても、おかしいと感じる人が多いと思います。

繰り返しますけど、僕は裁判では憲法の理念で争ってほしいと思っているし、名古屋地裁の判決のように、生活保護基準の算定に「国民感情」が大切だと言いたいわけでは決してないですよ。でも、まだ残念ながら、日本国内で生活保護に対してネガティブな印象を持っている人が多いのであれば、短期的な戦略としては、物価偽装の話をきっかけに「なんだかおかしなことが起こっているぞ?」と思ってもらうことで、理解を広めていけないかなと思うんです。

石黒　私もYahoo!ニュースで裁判の記事を書くと「裁判している時間があるなら働け」とか、「自分はもっと節約している、甘えるな」といったコメントがあっという間にたくさん寄せられるのです。先ほど白井さんは、生活保護を利用している人の食事の内容を紹介したらっておっしゃったんですけど、余計にバッシングされたり、誰も得をしない我慢比べになるくらいなら、書かない方がいいのかなと考えてしまうこともあります。

山田　ＮＨＫで「貧困女子高生」として紹介された生徒が、部屋にゲームやＤＶＤのソフトがあるじゃないか、外食もしているじゃないか、そんなの貧困じゃないと言われて炎上したこともありましたね。裁判官には受給者の生活実態をきちんと知ってもらいたいと切に願いますけど、それを報道することで世間からさらに叩かれてしまうのでは、何より何年間も頑張ってきている原告の人たちが辛すぎますよ。今回は不当な判決が出て、引き続き控訴して争うことになりました。裁判ではいろんな角度から闘っていくことになると思いますが、世論に対しては物価偽装と、今回の判決の根拠のおかしさを訴えていくことも大事かなと思うんです。

白井　みんなが苦しい生活に耐えている中で、食費を減らしたとか冠婚葬祭に出られないという話が、どれだけ「最低生活の基準としておかしい」と共感されるかは、難しい現状なのかもしれないですね。結局は、生活保護が受けられるのに受けていない、あるいは受けたら恥だと思う人が多すぎる、そこが根本的には一番問題ですよ。生活保護を使っても悪いことは全くない、とみんなが思っていれば全然違うんでしょうけど。

山田　それはそうですよね。でも、息の長い仕事ですよ。百年以上前から公的な扶助、生活保護的な制度に対するスティグマはありますから。そうとう根強いものですよ。

白井　でも今、コロナの影響で生活保護を申請せざるをえない人が増えているところでしょう。それはマスコミも看過できないことですし、多くの人が自分もいつ生活が立ちゆかなくなるか分からないという思いを持ったと思うんですね。だから、個人の努力ではどうにもならないことに対して、やっぱり社会保障を充実させていかなければならないと、世論が考え直す機会になっていると思うんですが。

山田　弁護団としては控訴審で必ず勝つことに注力して、憲法論であれ生活実態論であれ、とにかく出していくことが大切だと思います。

それとは別に、僕自身も含めて、反貧困ネットワークだとか、周りの運動体がどう社会に訴えていくかということを考えることが必要だと思っています。時間はかかるかもしれないけど、少しずつでも生活保護が自分にも関わりがあることだとか、最も厳しい状態にある人を支えていく制度がどのようなものであるといいのかを考えていくためにはどうしたらいいのか、試行錯誤を重ねていきたいですね。

名古屋地裁判決に思う
——朝日訴訟・浅沼裁判長の仁慈との比較

水野哲也◉「いのちのとりで裁判」千葉県の原告、生活保護問題対策全国会議会員

私は2013年1月に66歳で「被保護者」（生活保護法6条1項）となった。それまで妻の精神疾患、家庭の崩壊、私の失業、孤立無援の父子家庭の父親など経験しつつ、一貫して最下層の底辺労働者として生きてきた。生活保護を受給するまでは必要な時に医療を利用することができず、2016年4月に脳内出血で倒れてから一挙に身体の問題が顕在化した。現在はC型肝炎、肝硬変、十二指腸潰瘍、脊柱管狭窄症の治療にも医療扶助を利用することができ、生活保護制度への私の感謝の気持ちには偽りがない。

私は「生活保護受給者の生活が最低限度の生活を下回っていたと認めることはできない」との名古屋地裁の判示を見て、人を裁く裁判長というものはもう少し仁慈があっても良いのではないかと思った。法理は冷徹なものであっても、裁判官の心まで冷たくなる必要はないだろう。朝日訴訟の第一審（東京地裁）の浅沼武裁判長は国立岡山療養所ま

で原告を訪れ、白衣とマスクを着用して重症結核患者の朝日茂の枕元に立って現場検証・尋問を行った。45分間の尋問が終わったとき、浅沼裁判長は朝日茂に「裁判のことは何とも言えませんが、十分気を付けて療養してください」とのいたわりの言葉を掛けたという。朝日茂は、その時の浅沼裁判長には「誠実な人柄を感じた」と手記にのこしている。この度の名古屋地裁・角谷昌毅裁判長と浅沼裁判長とでは、人に対する仁慈という点で天国と地獄ほどの違いを感じる。

「かれらの窮状は平穏無事に生き延びるために必要な忍耐力によって抑制され覆いかくされて、効用のものさしには、その姿を現さない」（アマルティア・セン＝インド出身のノーベル経済学賞受賞者）。これが「被保護者」の生活実態というものだ。生活保護受給者が求めるものは「厳しい現実への妥協を含んでいるもの」であらざるを得ないことを角谷裁判長は洞察するべきであった。私はさらに名古屋地裁判決の内容に検討を加え、その一端をブログ「新『人間裁判』原告☆当事者通信」（２０２１年８月でNo.61まで）に記載していくつもりである。

インタビュー

いつでも誰でも、困ったときに頼りにできる

――生活保護はそんな制度であってほしい

楠木ゆり子◉「いのちのとりで裁判」原告、［仮名］

楠木ゆり子さんは「いのちのとりで裁判」の原告の一人だ。健康に不安を抱えながらも裁判に関わる集会などにも積極的に参加してきた。それだけに、名古屋地裁の判決には言葉を失い、涙をこらえきれなかった。それでも今は前を向き、控訴審では公正な判断がなされるよう頑張っていきたいと語る。生活困窮者、生活保護受給者、原告……と言うけれど、そうした属性の後ろには一人ひとり違う、生きた人間がいる。生活保護は、それぞれのかけがえのない人生を、確実に、そしてさりげなく支える制度であってほしい。楠木さんの話を聞きながら、そんなことを思った。

朝から晩まで働くも苦しい生活

楠木　私は九州の出身なんです。小さい頃から母親と、弟と三人で住んでいて、父親の記憶はありませんねえ。

母は幼い私たちを、土方の仕事をして養ってくれていました。「ニコヨン」と言っていたのを覚え

ていますから、今で言う日雇いの仕事だったんでしょうね。

そんな貧しい暮らしでしたから、私が小学校二年生くらいの時でしょうか、愛知県に仕事があると聞き引越してきたんです。何時間も汽車に乗ってね。母は最初はコンクリートか何かの工場に勤めました。私たちはその会社の社宅みたいなところに住まわせてもらえました。母はその後も職場は転々としながらも、ずっと働いていたと思います。

ただ、中学を卒業する頃になって、その上の学校に行けるくらいの収入はないと知ったんですね。先生にも勧められたし、自分も進学したい気持ちはあったんですけど……。そんなとき、三河にある大きな紡績工場ならば、働きながら夜は定時制の高校に通えると知って、そこで勤めはじめました。会社の寮に住んで、仕事が終わったら勉強して。毎月のお給料からコツコツ貯金もしていましたよ。

その後、一年ほどで三河の工場が閉まることになり、会社を辞めました。その後も別の工場で働いたり、名古屋に出て販売の仕事をしたりしました。当時の名古屋は路面電車が走っていて、駅の地下街「ユニモール」ができたばかりの頃です。休憩時間や仕事の後には同僚の子たちと連れ立って、喫茶店に行くのが楽しみでしたね。

すごくたくさんお金がもらえたというほどではないけれど……、どの職場でもだいたい寮に入れましたし、自分も若かったし、町にも活気があって楽しく働いていました。

暮らしぶりが変わったのは、20代の後半で結婚した後ですね。結婚するまで気づかなかったのですが、夫がギャンブル、競馬にすごくのめりこむ人でした。借金も作っていました。そのせいもあってか、仕事も長続きせず、当然家計は火の車。生活費もなく、借金取りからの電話におびえる毎日でした。ひとり娘のためにと6～7年は耐えたのですが、ついに我慢できなくなり、娘と一緒に家を出ました。

働きながら娘と二人で暮らすようになって、数年して別の人と結婚しました。同じ九州生まれの人で、娘のことも「俺の子として育てるから」と言ってくれるとても優しい人でした。

彼はひとり親方みたいな感じで電気工事の仕事をしていました。仕事は順調だったんですけど、高いところから転落したり、ケガをして働けなくなることもありました。私も働いてなんとか家計を支えていました。

しかし数年後、夫の身体に大腸がんが見つかったんです。夫の入院で収入が完全に途絶えました。私は看病をしながら、昼間はスーパー、夕方からはお惣菜屋さんで、朝から晩まで働きました。そんな生活でしたから、娘にはさびしい思いをさせていたんでしょうね。あまり良くない友だちと遊びに出るようになり、私はたびたび娘の中学や高校から呼び出されては駆けつけました。何度も仕事を中断して学校に行っていたことをとがめられ、スーパーの経営状態が悪化していたこともあり、正社員からパートにリストラされてしまいました。なんとも悔しい思いをしたことを覚えています。

追い詰められて生活保護を申請

楠木　最初に生活保護を受けようと思ったのがこの頃です。生活保護という制度があることは、うっすら知っていました。以前に主人が名古屋市の名南病院に入院したとき、「南区生活と健康を守る会（生健会）」という、生活に困った人を応援する団体の人から、そういう制度もあるんですよって教えていただいたので。

仕事をかけもちしても、毎月の生活費でほとんど消えてしまい、ガス代も払えずにいたらついにガスが止められてしまいました。所持金もあと30円しかない。そんな状態になって、このままではもう後がないと思って初めて生健会の人に相談しました。それならすぐに生活保護申請をしたらと言われたんです。

最初は半信半疑でした。そんなに簡単にもらえるの？ 私は今も働いているのにもらえるの？と。でも、夫の医療費だけでもお願いできるのなら……と思い、生健会の人と一緒に区役所に行きました。

事情を話したらすぐに生活保護を受けられることになりました。医療費はもちろん、私のお給料だけでは足りない部分も生活保護で助けていただけると聞き、本当に安心しました。役所の窓口の方も本当に親身になってくれましたよ。正式に生活保護費が受給できるまでには数日かかったのですが、滞納していたガス代の１万５０００円だけは先に前借りのようなかたちでいただくことができました。

闘病の末に夫は亡くなり、娘も成人して今は家庭を持って立派に働いています。つらい思いもしたけれど、私たち家族の暮らしを救ってくれたのは、他でもない生活保護の制度でした。

そして、ずっと根を詰めて生活してきたせいか、今度は私が身体をこわしてしまったんです。吐血してびっくりして調べてもらったら、潰瘍性大腸炎にかかっていることが分かったり。くも膜下出血で倒れたこともあります。なんとか回復したのですが、今も後遺症で動かない手の指があります。

今のアパートに引越してきたときに、節約のために家賃の安いところを選んだんです。風呂なしで毎月27000円。家で入浴できないから銭湯に行くんですけど、その道中で自転車で転んで脊髄を悪くしてしまって……。コルセットをしているのですが、長い距離を歩くのはしんどいですね。最近は銭湯も少なくなってきているでしょう。近いところが閉店してしまって、遠くまで行かなきゃいけないから大変ですよ。

60歳くらいになったときに、それまでお世話になっていた生健会に入会しようと決めました。メンバーになって活動をしたいという気持ちももちろんありましたが、夫も亡くして、病気の身体でひとり暮らしになってしまった心細さから、仲間が欲しいと思ったことが大きかったですね。

低年金問題と生活保護

白井 楠木さんは何度か中断されながらも、中学を卒業してからずっと、子育てもしながら働いていたそうですから、年金がもらえるんじゃないですか。

楠木 同じことを生活保護の窓口でも言われて、調べてもらったんです。そうしたら、年金の「脱退手当金」というのを受け取れるということが分かったんですね。65歳になる前に、まとめて年金をもらえるっていう……私の場合は200万近くあったのかな。

私は生活保護を受けてからそれが分かったので、200万は私の懐に入ったわけじゃなくて、それまでにもらっていた生活保護費の一部の返還にあてるというかたちになりました。

ただ、平成29年からは年金の納付済期間が10年以上あれば老齢年金をもらえることになったので、今は2ヶ月で7・4万円の年金と、足りない分を生活保護で暮らしています。

石黒　生活保護は他法他施策の優先・活用が前提ですから、生活保護以外に利用できる制度がある、あったとなるとそうなりますよね。

白井　年金って年をとってくると本当に重要なんですよね。収入が途絶えたとき、年金があるのとないのとではものすごく変わるでしょう。例えば、男性でずっと会社員として勤め続けてきて、厚生年金があれば、生活保護は必要なかったりするわけです。

でも、ずっと専業主婦で、つまり第三号保険者でいて、どこかで離婚することになったりすると大変なわけです。国民年金と同じだから、すごく年金額が少ない。男女とも、ずっと働き続けて厚生年金がある状態が一番いいんですよ。だけど女性の場合は給料自体も少ないことが大半なので、厚生年金でも少ない人も多い。だから、年金問題と生活保護ってものすごく密接に関わっているんですよね。

「生活保護は悪」と言われて

楠木　２０１２年に起こった「生活保護バッシング」は私にとっても本当に苦い思い出です。テレビをつけると、朝も昼もワイドショーは生活保護の話題ばかり。まるで生活保護が悪いことだと言われているようで……。私も家族も生活保護があったおかげで今があります。ましてや国会議員までが「生活保護は恥」なんて言っていて、怒りがこみ上げましたよ。そうしたらすぐに、２０１３年には生活保護費を引き下げていきますという話になったでしょう。次の年の２０１４年には消費税が５％から８％になって、さらに今では10％。私たちのような生活保護受給者には本当に厳しいですよ。

生健会でも保護費の引き下げについて話題になり、これは一体どういうことなのかと勉強会をすることになりました。今の「いのちのとりで裁判」で弁護団を務めていただいている森弘典弁護士や、白井さんも講師に来てくださいましたよね。そうしたら、今回の引き下げの根拠だと国が言っていることは、実はデータを都合良く計算した「物価偽装」によるものだ、ということじゃないですか。私はもう、こんなにおかしいことがあっていいのかと信じられませんでした。国を相手に訴えを起こそう、「いのちのとりで裁判」の原告になろうと思いました。

生健会の仲間たちにも、一緒に頑張ろうよ！と呼びかけました。でも、高齢であったり、そこまでの気力が出なかったりして、実際に原告になった人は少ないんです。でも、そうして声を上げられなかった人たちの分まで頑張らないと、と思って裁判をやってきました。

石黒　私は楠木さんがおっしゃることはよく分かるのですが、まさに「生活保護バッシング」をしている人の言い分としては「水道代も医療費も無料で、さらに生活費として10万円近くもらえるなら十分じゃないか、ぜいたくを言うな」というのがあるんです。もしも楠木さんがこう言われたら、どのように答えられますか。

楠木　私は直接誰かからそんなふうに言われたことはないけれど……。でも、もしそんなことがあったならば、日本国憲法第25条をもう一度見てみてくださいよ、と言いたいですね。健康で文化的な最低限度の生活って何なのか、考えてみてくださいって。

「自分は生活保護はもらわないで、毎月6万の老齢年金だけでやりくりしている」という方のお話を聞いたことがあります。その方は、自分の年金に比べたら生活保護は金額が多い、ならば十分じゃないかとおっしゃるんですね。でも、今はなんとかやりくりできているかもしれないけれど、病気になったりして、いつもっとお金が必要になるかは分かりませんよね。その時に、誰でも頼りにできる制度が生活保護なんじゃないでしょうか。そこを叩いてどうなるんでしょう。

私はずっと主婦でもありましたから、スーパーで安い食材を選んで買って、工夫して料理をしています。だから食費を浮かすことができています。加えて、ありがたいことに私はいい人たちに囲まれています。洗濯機が壊れてしまったときも、お店の人に相談したら、分割払いでいいよって言ってもらえましたから。

でも、他の人も私と全く同じことができるとは限らないでしょう。ずっと工場や土木工事の現場で、食事付きの寮生活をしてきた男の人たちなんかは、料理を覚える機会もなかったでしょうし、人付き合いだってみんなが得意なわけじゃない。そう考えると、やっぱり生活保護は贅沢だ、なんて言えないと思いますよ。私だって頑張って節約しているとはいえ、外食はできませんし、観劇とかね、そういう娯楽を楽しむ余裕はないですから。

もっと仲間を増やしたい

石黒　楠木さんは、生活保護を受給されている人たちは、この状況に不満を持ちつつも、声を上げられない人が大半だったとおっしゃいましたよね。でも、楠木さんご自身は、厳しい生活の中でも原告として精力的に活動してこれたのは、なぜだとお考えですか。

楠木　私が生健会や、原告としての活動をして良かったなと思うのは、いろんな人と知り合えて、いろんなお話を聞けることです。「ああ、こんな考え方もあるんだな」って思えることばかりですよ。先ほどお話しした年金生活の方もそうかもしれないですけど、生活保護を受けているかどうかにかかわらず、苦しんだり困ったりしている方もいるんだな、とか。とても勉強になりますし、死ぬまで勉強していきたいなって思えるんです。

他にも、みんなで活動していると、この日は新聞の折り込み作業をしようとか、会議があるとか、予定や役割を持てるので毎日の生活に張り合いが出るのがいいですね。身体は確かにしんどいですけど、活動が私の生きがい、支えになっています。でもやっぱり、自分が一人ではないと感じられること、人とふれあえることが一番ですね。保護費の引き下げも、消費税増税も、そして今回の不当判決も……なんだか国から「貧乏人は死ね」と言われているんじゃないか？なんて思うと、悔しくて悔しくて、苦しくなることばかりです。でも、弁護団の皆さんもそうだし、生健会の人たちもそうだし、応援してくださる方もたくさんいるでしょう。それが心強いんです。だから私たちは、もっと仲間を増やしていかなくっちゃと思っています。

私たちは「いのちのとりで裁判」では、生活保護費をもっともっとたくさんくださいとは訴えていません。不当に引き下げられた保護費を元に戻してほしいと言っているんです。

そして、願わくば生活保護を受けているというだけでバッシングされることのない国になってほしい。みんなが平等で、憎みあうことなく仲良く暮らせる国になってほしいと思っています。

生きる希望の最後の砦が裁判所

大山小夜◉社会学

明治17（1884）年、埼玉県で、農民、商人、代言人（弁護士）らが武装蜂起する。世に言う「秩父事件」である。生糸価格の暴落と輸出生糸の激減で多額の借金を抱えた養蚕農家の身代限り（破産）が相次いでいた。彼らは、高利貸に延納を、役所や警察に高利貸の取締等を求めるも、「高利借りるも愚」等として却下される。追い打ちをかけるように、裁判所から身代限りの呼出し状が負債農民のもとに届く。当時、身代限りは貸し手が借り手から借金を回収する最終手段だった。追い詰められた農民らは、高利貸を襲い、役所、警察、裁判所を占拠し、さらに政府に「ご一新」を求めて東京に向かった。しかし、「反乱」とみなされて政府軍に鎮圧され、12名が死刑、3千余名が処罰された。

秩父の農民らの無念は、120年後の2004年に公開された映画「草の乱」（神山征二郎監督）で克明に描かれている。2006年10月、この映画を観た多重債務者、弁護士・司法書士らは、映画の衣装を身にまとい、秩父事件の決起の地となった埼玉県の椋神社から国会までの150キロを4日間かけて「金利引下げ」の陳情書を携え走り継いだ。この年の1月に出された最高裁判決に勇気を得たためである。彼らは、30年以上の長きにわたって、貸金業法制の問題点を訴えてきた。その声に最高裁は耳を傾け、厳正な判断を下した。そして、この司法判断が立法府を動かし、同年12月、改正貸金業法が成立する。200万人超の多重債務者は、その後、9・6万人（2019年）にまで減った。

秩父事件では裁判所も襲撃されたが、当時の各地の裁判所は、むしろ誠実な債務者を救済するため、身代限りの宣告抑制・取消に腐心したという（園尾隆司*『民事訴訟・執行・破産の近現代史』2009年刊。*元東京地裁総括判事・長官代行）。現在各地で行われている生活保護裁判は、多重債務問題の解決に尽力してきた人々によっても担われている。人々の生きる希望の最後の砦が裁判所である。裁判官が法に基づいて下す判断（憲法76条）が、日本の規範と秩序を支えている。

インタビュー

生活保護費は国による「物価偽装」によって大幅に削られた

白井康彦◉フリーライター・元中日新聞生活部編集委員

「最低限度の生活費」が引き下げられた

石黒　この本では生活扶助基準の引き下げをめぐる裁判について考えているわけですが、その前に「生活扶助」とは何かについて確認しておきたいですね。

白井　生活保護制度は、生活に困窮する方に対して、国が必要な保護を行い、健康で文化的な最低限度の生活を保障するものです。生活保護の内容はこの次頁の表の通り、８つの種類の扶助に分けられ、それぞれの人の必要に応じて支給されます。

石黒　生活保護費のうちの、日常の生活費にあたる部分が生活扶助なんですね。生活費は年齢や家族構成、住んでいる場所によってさまざまですよね。なので、世帯の人数や年齢、地域ごとに基準となる額が決められています。この額を「生活扶助基準」といいます。

生活扶助基準額は毎年改定できる仕組みです。現在は「水準均衡方式」といって、生活保護利用

生活を営む上で生じる費用	扶助の種類	支給内容
日常生活に必要な費用（食費・被服費・光熱費等）	生活扶助	基準額は (1) 食費等の個人的費用 (2) 光熱水費等の世帯共通費用を合算して算出。 特定の世帯には加算あり。(母子加算等)
アパート等の家賃	住宅扶助	定められた範囲内で実費を支給
義務教育を受けるために必要な学用品費	教育扶助	定められた基準額を支給
医療サービスの費用	医療扶助	費用は直接医療機関へ支払
介護サービスの費用	介護扶助	費用は直接介護事業者へ支払
出産費用	出産扶助	定められた範囲内で実費を支給
就労に必要な技能の修得等にかかる費用	生業扶助	定められた範囲内で実費を支給
葬祭費用	葬祭扶助	定められた範囲内で実費を支給

者を除く低所得世帯（日本に住んでいる人を収入順に並べて10分割して、一番収入が低いグループ）が日々使っている金額（消費支出）と生活扶助基準を比較して、金額がかけ離れ過ぎないように決められているようです。

「水準均衡方式」がよい方法であるかどうかも議論されているのですが、とにかくこの方式を用いてマイナス１％ぐらいからプラス１％ぐらいの間で基準が改定されてきました。しかし、厚生労働省は２０１３年に突然、全世帯で生活扶助基準を平均６・５％切り下げるという決定をしました。

生活保護を利用して暮らしている方にとっては平均で生活費が６・５％削減されたということになります。また、生活保護は憲法25条で定める「健康で文化的な最低限度の生活」を保障するものです。日本に住む人の「最低限の生活」の水準が急に６・５％引き下げられたとも言えるのではないでしょうか。

引き下げの根拠に大きな疑問

白井　厚生労働省は2013年の生活扶助基準改定の理由を二つ挙げています。

一つは「ゆがみ調整」です。先ほど石黒さんが言われたように、生活扶助基準は世帯の人数や地域によって決められていますが、その条件（類型）ごとに多すぎたり少なすぎたりすることがあるから、これを正そうというものです。例えば、子どもの多い世帯は生活扶助基準が高くなりがちといったことが指摘されていました。

もう一つは「デフレ調整」です。物価の動向を生活扶助基準に反映させるという考え方です。厚生労働省は、2008年から2011年の間に物価指数が4・78％下がったということを根拠に、生活扶助基準も下げるとしたのです。厚生労働省は切り下げにより、生活保護の予算を年間で約670億円減らせると説明しました。うち、ゆがみ調整によるものが約90億円、デフレ調整によるものが約580億円です。

石黒　「ゆがみ調整」については、厚生労働省の有識者会議である生活保護基準部会で部会長代理を務めた日本女子大名誉教授の岩田正美先生が名古屋地裁で驚くべき証言をされました。部会ではいわゆる「ゆがみ調整」の議論を行った際に、高齢単身世帯では扶助基準をむしろ引き上げる、保護費の増額をすべき世帯もあると提案したのに、実際には一律に引き下げとなっていて大変驚いた、と。

白井　さらに岩田先生は基準部会では「デフレ調整」に関しては議論自体を行っていないとも証言されています。デフレ調整の方が引き下げに与えた影響は大きいのですが、厚労省の担当部署だけで独断的に決めてしまったようなのです。

諮問機関の議論を経ずして「デフレ調整」が実施されたことに加え、デフレ調整の内容自体にも非常に大きな問題があります。私は厚労省が根拠とした物価の下落率に疑問を感じて分析を重ねました。その結果、これは生活扶助基準を引き下げるために厚労省が意図的に統計の内容を操作したという結論に至り、名古屋地裁でも証言しました。

「生活扶助相当CPI」という新たな基準

白井　デフレ調整は、社会保障の給付金額などを物価指数の変化率に連動させて変える「物価スライド」の考えによるものです。これは世界中で広く使われている手法で、日本でもかつては公的年金の金額が物価スライドで決められていました。（現在は物価に加えて、賃金の変化の動向も年金の金額に反映されており、人口の変化なども織り込むマクロ経済スライドもあわせて実施されています。）

石黒　でも、生活扶助基準は物価スライドでは決められてきてはいませんよね。岩田先生は「物価を考慮して基準を決めるには、もっと時間をかけた議論が必要だ」とも証言されていました。

白井　厚労省は２０１３年の引き下げの際に初めて「生活扶助相当ＣＰＩ」という物価指数を持ち出したのです。

ＣＰＩ（Consumer Price Index）は消費者物価指数のことです。全国の世帯が購入するモノやサービスの物価の動きを測定するための統計指標であり、総務省統計局が毎月作成し発表しています。

ＣＰＩの作成にあたっては、まず世帯の消費支出上一定の割合を占める重要なモノやサービスを品目として選び出します。米とか、食パンとか、牛肉とかキャベツとか、電気代とか家賃とか、Ｔ

シャツとかゲームソフトとか、様々なものが入っています。2015年基準で採用されている品目は全部で585品目です。各品目の価格は、これも毎月統計局が全国各地の店頭の価格を調べて作成する「小売物価統計調査」の結果を用います。次に、同じく総務省統計局が実施している家計調査（無作為に選定した調査世帯の3～6ヶ月間の収入と支出を調べるもの）をもとに、支出額全体に占める各品目の割合をもとにして、指数の計算に用いる各品目の「ウエイト」（重み）を求めます。

石黒　単純に各項目の価格の変動を調べるだけではなく、支出額割合の大きいものに「重み」を付けるんですね。例えば毎日食べるお米の価格が1％上がったことと、数年に1度買う程度の冷蔵庫の価格が10％上がったことを比べると、変化率は低いけどお米の価格の上昇のほうがずっと家計への影響が大きいですよね。

白井　要するに、CPIは個々の品目の価格と、家計調査の結果から得たウエイト（支出額割合）をもとにして算出しているのです。CPI統計の対象の585品目全てで計算するのが「CPI総合指数」です。特定の品目の物価の動向を調べたいときは、品目数を絞って計算します。例えば生鮮食品のみを計算対象から外す「生鮮食品を除く総合指数」などがあります。

石黒　なるほど、厚労省が今回引き下げの根拠とした「生活扶助相当CPI」は、生活保護の「生活扶助費」でまかなわれる品目に限ったCPIということですね。例えば585品目の中には家賃も含まれています。生活保護の場合は「住宅扶助」から払われるものですから、生活扶助基準を決める時には省いていると。

白井　そうです。生活扶助費では買わない品目を除いたCPIということですね。岩田先生が証言されたように、そもそもCPIを生活扶助基準の根拠にするか否かという問題はあります。ただ、仮に物価を根拠にすることが妥当であったとしても、私はこの厚労省の「生活扶助相当CPI」の計算には大きく分けて次の三つの問題があると考えています。

①2008年から2011年の間の「生活扶助相当CPI」を測定する際に、異なる二つの計算式を混在させたこと。

②「生活扶助相当CPI」の算出にあたり、生活保護世帯の支出額割合ではなく、一般世帯の支出額割合をもとにウエイトを計算したこと。

③計算式の混在と支出額割合を不適切な数字にしたことで統計の誤差を大きく膨らませ、物価指数の下落率を3年間で4・78％という異常に大きな数字としたこと。

本当に物価は5％近くも下がったのか？

石黒　厚労省は、生活扶助相当CPIを「2008年が104・5、2010年が100、2011年が99・5」と説明しています。生活扶助相当CPI、要するに物価が4・78％下落しているから生活扶助基準も同じくらい下げてもやっていけるよね、と言われれば、そうかなと思ってしまうのですが。

白井　とんでもない。5％近くも物価指数が下がるのは、相当に強烈なデフレですよ。私は総務省統計局のホームページにある、CPI総合指数の毎年の数字を調べました。下記にその3年ごとの変化率を示しています。これは、裁判所で私が証人尋問に立ったときの資料にしたものですが、1970年から2015年の間の3年間で下落率が一番大きかったのは2008年から2011年までの3年間の2・35％です。

1970年〜2015年までの3年ごとのCPI総合指数（消費者物価指数）変化率推移

期間(西暦年)	CPI総合指数変化率(%)	期間	変化率	期間	変化率	期間	変化率	期間	変化率
		77-80	16.62	86-89	3.03	95-98	2.57	04〜07	0
		78-81	17.08	87-90	6.18	96-99	2.17	05〜08	1.69
1970-73	24.85	79-82	16.2	88-91	8.81	97-2000	-0.39	06〜09	0
71-74	43.97	80-83	9.72	89-92	8.29	98-2001	-1.74	07〜10	-0.7
72-75	53.85	81-84	7.17	90-93	6.46	99-2002	-2.32	08〜11	-2.35
73-76	50.61	82-85	6.25	91-94	3.69	00〜03	-1.95	09〜12	-0.99
74-77	32.14	83-86	5.08	92-95	1.81	01〜04	-1.18	10〜13	0
75-78	23.39	84-87	2.65	93-96	0.6	02〜05	-0.59	11〜14	3.11
76-79	16.8	85-88	1.47	94-97	1.88	03〜06	0	12〜15	3.91

いくら品目を絞ったからといって、２００８年から２０１１年までの生活扶助相当ＣＰＩの下落率が４・78％というのは「異常に大きい数字」なのです。消費税と比べてみてください。物価が５％下がったというのは、消費税率が５％とか３％に戻りましたというくらいのインパクトがあることですよ。

日本の政府の統計は、国民に概ね信用されています。ＣＰＩ、消費者物価指数は非常に重要な統計です。それが不正確だとは夢にも思いませんよね。私は、厚労省がその信用を逆手に取って、生活扶助相当ＣＰＩの下落率を意図的に操作して大きくしたと考えています。

あえて二つの計算式を混在？

石黒　白井さんはこの異常な下落率は、二つの計算式を混在させたことが原因だと名古屋地裁でも証言されていましたね。

白井　厚労省は生活扶助相当ＣＰＩ算出にあたって「２００８年から２０１０年までは『パーシェ式』」、「２０１０年から２０１１年までは『ラスパイレス式』」と、異なる計算方式を採用しているのです。計算方式が途中で変わるというのは、

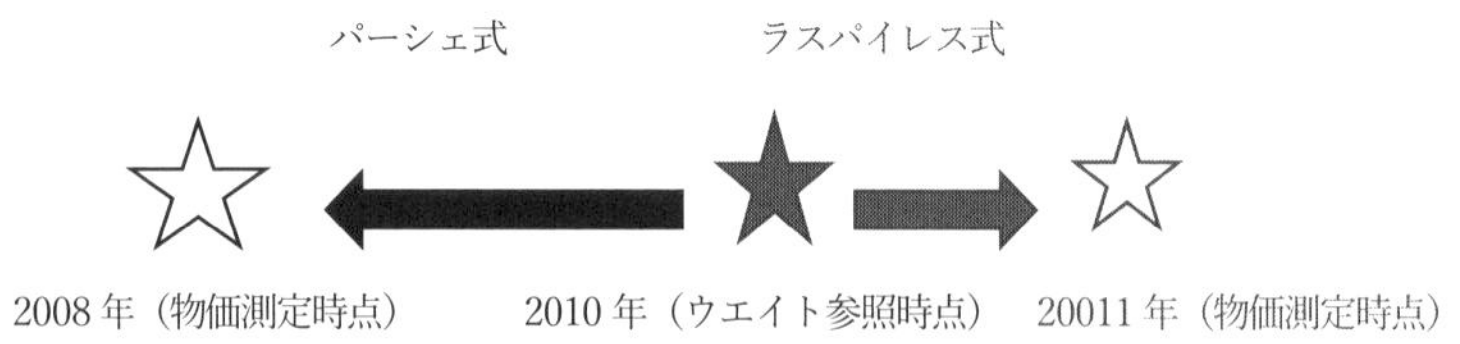

測定途中で目盛りの付け方が違う物差しと入れ替えるようなものです。

「ＣＰＩ総合指数」を発表している総務省統計局は常にラスパイレス式で計算しています。私は「生活扶助相当ＣＰＩの計算ではなぜ厚労省は独自方式を選んだのだろう？」と疑問を持つと同時に驚いたわけです。官僚は前例踏襲的な行動をすることが多いですし、あえて『パーシェ式』を導入したのはなぜなのだろう、と。

石黒　パーシェ式とラスパイレス式はどう違うのでしょうか？

白井　先ほど購入するモノやサービスの支出額割合によって「ウエイト」（重み）を付けると話しましたよね。各品目の支出額割合は、家計への大がかりな調査をもとに設定します。その調査が実施された時点が『ウエイト参照時点』です。物価指数はウエイト参照時点がなければ計算できません。そして、他の時点の物価水準はウエイト参照時点との比較で決まります。他の時点を私は便宜的に『物価測定時点』と呼んでいます。

ウエイト参照時点とそれより古い物価測定時点を比べるのが『パーシェ式』、ウエイト参照時点とそれより新しい物価測定時点を比べるのが『ラスパイレス式』です。厚労省が２０１３年の引き下げの根拠とした計算では、２０１０年が『ウエイト参照時点』、２００８年と２０１１年は『物価測定時点』になっています。

石黒　異なる二つの計算方式を使ったことには、何か理由があるのではないでしょうか。

白井　２０１９年４月の国会では、疑問を感じた野党議員が厚労省が採用したこの計算方法の正当性を追及しています。質問に対して、総務省統計局の幹部は一般論と前置きしつつも、「適切ではないと思う」と述べています。官僚が「適切でない」と認めた計算方法で、生活保護費は削減されてしまったのです。

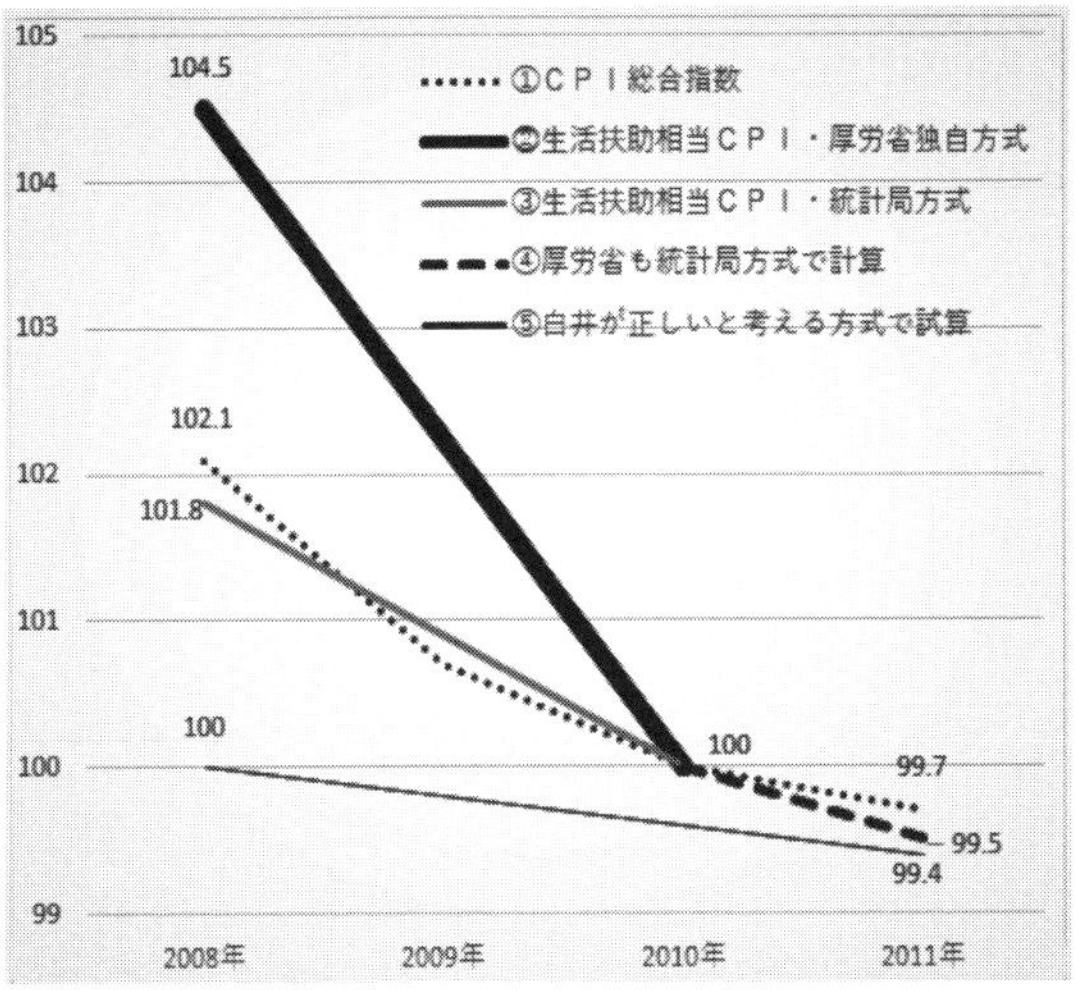

計算方式により物価の下落率が異なる理由

白井　私は２００８年から２０１１年までの「生活扶助相当ＣＰＩ」を他のＣＰＩと比べたり、計算方法を一つにしてみるなど、いくつかの方法で計算してみました。それが上のグラフです。

①の点線は、統計局が出しているＣＰＩ総合指数です。先ほど申し上げたとおり、３年間で２・35％下落しています。

②の太線が、厚労省が今回の引き下げの根拠とした２００８年から２０１０年までの生活扶助相当ＣＰＩをパーシェ式で計算したものです。他に比べて大幅に下落しています。

③のグレーの線は、２００８年から２０１０年までの生活扶助相当ＣＰＩを普段統計局が出しているのと同じラスパイレス式で計算してみたものです。

④の太い点線は2010年から2011年までの生活扶助相当CPIをラスパイレス式で計算したものです。この期間だけは厚労省も普段の統計局と同じ計算方式を採用しているので、②と③の続きの線ということになりますね。①のCPI総合指数と③―④の統計局方式での生活扶助相当CPIの下落率はそれほど変わらないことが分かります。（⑤については後で説明します）

石黒　「CPI」「物価の下落率」といっても、どの期間を何によって測るかによって、さまざまな測定方法をとることができるのですね。しかし、こうしてみると明らかにパーシェ式で計算した②の期間の下落率は他の値とかけ離れています。

白井　②が正しいとすると生活保護世帯のみがかなりのデフレだったということになります。しかし、品目は同じなのに計算方式のみが違う③とも2・5ポイントもの差がありますよね。そこで、生活扶助相当CPIの計算対象の268項目（個別の品目または品目グループ）の影響度合いをひとつずつ調べました。すると、テレビやパソコンなどの電気製品では、厚労省が採用したパーシェ式と統計局のラスパイレス式で影響度に大きな差が出ていたことが分かりました。

厚労省方式で計算すると生活扶助相当CPIは3年間で下落率は4・78％です。うち約3ポイント分がテレビとパソコンの影響でした。なぜこれほど大きな影響があったかは、具体的な計算方法とともに「誰でも分かる物価偽装教室」という別冊ブックレットに書きましたので、興味のある方はそちらを読んでください。

テレビやパソコンの影響が膨らんだ理由をざっくりと説明します。パーシェ式ではあるモノに「価格が急低下し、購入数量が激増する」という現象が起こると、その品目がCPIに与える影響が猛烈に大きくなるという性質があります。テレビはまさに2010年に「価格急低下、購入数量激増」

が起こった商品です。2011年7月からの地上デジタル放送への移行を控え、多くの人が地デジ対応のテレビに買い替えました。2010年の薄型テレビの出荷台数は突出しています。また、当時は国の施策である「家電エコポイント事業」で、テレビに対してエコポイントの付与率が高く設定されていたことも、売れ行きに拍車をかけていました。

パソコンには「価格急低下、購入数量激増」は起こりませんでした。しかし、物価指数の計算には、モデルチェンジが頻繁にあって、その都度性能が急速に向上する商品には「品質調整」という特別な措置をします。性能が良くなって、価格が前と同じくらいであれば、消費者からすれば「非常に安く買えるようになった」と感じますよね。そこで、性能向上の程度を反映させるため、価格指数を大きく引き下げたり、購入数量が大幅に増えたとみなす措置をとるのです。この時期、パソコンが物価指数に与えた影響はほとんど品質調整によるものです。

繰り返しますが厚労省は2008年から2010年の期間はパーシェ式で計算し、その結果、物価指数の下落率は顕著に膨らみました。でもテレビの地デジ化やエコポイントの状況を鑑みると、2010年は特殊な年ですよね。そこをウエイト参照時点として物価を計測したために、統計誤差が膨らんだのです。

先のグラフで示したとおり、厚労省は2010年から2011年は統計局が採用している通常のCPIの計算方式そのままを使っています。しかし2008年から2010年にかけてだけ、わざわざ独自の方法で計算したのです。私は、厚労省が生活扶助基準の大きな引き下げを求めていた自民党の圧力に屈して、あえてパーシェ式を使ったと考えています。これは意図的に下落率を膨らませた「物価偽装」と言えます。

生活保護世帯の生活実態からかけ離れた「生活扶助基準」

石黒　地デジ化の際に、政府は生活保護世帯には無料でチューナーを配布しましたよね。インタビューで元・生活保護ケースワーカーの小池さんも話されていますが、生活保護世帯の多くはテレビを買い替えなかったのではないでしょうか。

白井　テレビもそうですが、私はパソコンの品質調整を生活扶助基準に影響させたことも大いに疑問だと考えています。生活保護の利用者の多くは高齢者で、パソコンを使わない人も多いです。また、持っていたとしてもサイトの閲覧やメールのやりとりが主で、パソコンの性能向上をメリットに感じるような使い方をされている方は少ないのではないでしょうか。中古品や型落ちの安い機種を選ぶ人も多いです。品質調整は消費者が新品のパソコンを買うことが前提となっていますが、生活保護世帯にこの前提がどれほどあてはまるでしょうか。

石黒　生活保護法の第8条2項には、生活保護費の基準は、要保護者の事情を考慮して決定しなければならないとあります。テレビやパソコンの値下がりを根拠とした引き下げは、生活保護世帯の事情を反映したものと言えるでしょうか。

白井　私は厚労省が総務省統計局のCPIのサイトに載っている各品目の「ウエイト」、つまり支出額割合をそのまま計算に使ったことも問題だと感じています。統計局のサイトのCPI統計のウエイトは、総務省統計局が実施する家計調査をもとにしています。家計調査の数字は、概ね一般世帯の平均です。テレビやパソコンもそうですが、一般世帯と生活保護世帯の支出額割合には違いがあります。小池さんと同じく本書でもお話しいただいている、日本福祉大学の山田壮志郎先生も名古屋地裁で「生活保護世帯の消費実態を反映していない生活扶助基準は、他人の家計簿を見て我が家の需要が決められたようなもの」と証言されていました。正しく計算しようとするなら、家計調査ではなく、社会保障生計調査のデータを活用すべきです。

社会保障生計調査は厚労省が生活保護世帯を対象に実施している家計調査ですから、概ね生活保護世帯の実情が反映されます。先ほど紹介した151ページのグラフの⑤は、私が社会保障生計調査のデータを使い、3年間一貫してラスパイレス式で計算したものです。この方法では物価指数の下落率は1％に満たないものになりました。

裁判では国は厚生労働大臣の裁量権の範囲内で決定した生活扶助基準であると主張しています。しかし基準部会の意見も聞かず、生活保護世帯の生活実態も考慮せず、あえて物価の下落率を大きくした計算方式を採用していることは、大臣の裁量権の範囲を超えて濫用していると言えるのではないでしょうか。特に統計の数字を恣意的に操作したことは、国の信頼を揺るがす大問題だと考えています。今後の各地の裁判では、「最低限度の生活」がこれ以上、安易に引き下げられることのないような判決が出ることを強く願っています。

数字を読むと社会の仕組みが分かる

石黒　白井さんが厚労省がデフレ調整の根拠とした数字を見て「おかしい」と気づいたきっかけは何ですか？

白井　物価が5％近くも下がるなんて異常事態だとすぐに疑問を抱いたのです。皆さんは何も感じないのかなと思ったほどです。

私は中日新聞社に入社して、取材記者としての最初は東京本社の経済部で株式の担当、その後は日銀の記者クラブに1年いました。その時から国が出す統計の数字や、日銀の調査統計局から出される論文をよく読んでいました。名古屋に戻ってからもしばらくは経済部。その後は生活部勤務が中心で、家計や消費者問題に関わる記事を書くようになりました。生命保険とか住宅ローンとか、税金についてよく書きましたね。

当時、家計に関して最も問題だと考えていたことがサラ金（消費者金融）、多重債務の問題です。お金を借りている人や、債務整理を担当する弁護士さんたちからよく話を聞きました。でも、なぜ多重債務者が生まれて、サラ金の業者はどんな仕組みで利益をあげているのか、ということははっきり分からなかったのです。

石黒　渦中にいる人たちは大変な思いをされているから、状況を大局的に見て冷静に分析したりすることは難しいかも知れませんね。

白井　そこで、それぞれの方の取引履歴のデータに着目したんです。何月何日にいくら借りて、何月何日にどれだけ返したかという情報は債務整理の過程で必ず必要になります。データを一つひとつ調べるうちにあることが分かってきました。多重債務者は「お金を借りても返さない悪い人」というイメージがありますよね。

石黒　そうですね。返せないから他の会社からも借りて、多重債務になるんですよね？

白井　でも、私が調べた限りでは、皆さんお金は毎月返済していたんです。毎月の締め切り日までに返さないとブラックリストに載るから必死で返している。でも、利息が高いから苦しくなってくるんです。

多くの人が自分が借りた金額と同じくらいは返済していました。700万円借りた人は700万円くらいは返している。でも、返したうちの350万円だけが元金で、残り350万円は利息を払っている、という感じなんです。未返済の元金が350万円残っているから、まだ返さなければいけない。それでどんどん他社から追加で借り入れを重ねる。でも、他社の利息も高いから同じことが起こって、ついには破産してしまうわけです。

石黒　700万円を借りて700万円を返せるなら、やりくりさえしっかりできれば、サラ金が無くてもやっていけた人たちなんですね。

白井　取引履歴のデータを調べたことで分かることは他にもありました。一番最初の借金は、どの人もテレビでCMを流しているような大きな会社から借りていました。最初の借金を返すために何年もかかるんです。その間に別の会社からも借りるのですが、だんだん小さい会社に頼るようになる。最初の借金から7年後に破産してしまうとしても、最初に取引した会社は7年間利息を取り続けているから、すごく儲かる。業者から見れば、たとえ最後に借り手が破綻しようとも、とにかく早い時期にお金を貸して長く取引してもらうことが大事なんです。

銀行なら、貸し倒れがあろうものなら大変です。でも、消費者金融は銀行のようには問題視しなかった。金利が高かったからです。

石黒　多重債務者が増えることが前提のビジネスモデルだったようにさえ見えます。

白井　今世紀の初め頃にはテレビでも新聞でも消費者金融の派手な広告をよく見かけましたよね。でも、市場自体に大きな問題があったのです。金融庁もこの問題に気づいて調べ始めていた時期だったので、多重債務の記事を書いていた私も声をかけられ、この問題について議論しました。その後、長年多重債務者の支援を続けてきた宇都宮健児弁護士をはじめとする皆さんの頑張りや、政治も動いて「グレーゾーン金利」と呼ばれる高すぎる金利は違法とされ、払いすぎたお金を取り戻せるようにもなりましたよね。

マスコミにも色々なことができるのだと思いましたし、数字を分析することがいかに重要かを実感した出来事です。

生活保護の議論をより多くの人とともに

石黒 その経験が今回の物価偽装のしくみの解明につながっているんですね。

白井 今回苦労したのは、物価指数についての初心者向けの教科書のような本が見つからなかったことですね。「価格指数の加重平均が物価指数です」と書いてあるんだけど…。

石黒 私は「指数」も「加重平均」もよく分からないです。

白井 総務省統計局のサイトにも計算式が掲載されているんですが、やっぱりΣとかpとかqとか書いてあると、苦手意識を持ってしまう人が少なくないですよね。でも、私はそれを何とか分かりやすくできないかと考え抜きました。物価指数は買い物かごの形で計算する仕組みになっています。物価偽装のカラクリも買い物かごの形で徹底的に分析したら、すっきり説明できるようになりました。詳しい計算の内容はブックレット『誰でもわかる物価偽装教室』にまとめましたのでぜひ読んでください。この方法だと難しい数式は使いませんし、どの品目が物価指数に影響を与えているかが見えやすくなります。

石黒 白井さんは、厚労省が発表しているデータを分かりやすく翻訳しているということですね。

白井 この時点での価格指数は104・5で、この時点での価格指数は99・5なので、これだけ下がっていますという説明を、本当に正しいのかな、どうしてそうなったのかなと読み解かないと議論ができないでしょう。

石黒　数字に苦手意識を持つ人が多いから、難しいですよね。

白井　ビジネスマンは数字に敏感でないと務まらないですから、そうとも言い切れないと思いますよ。生活保護って、野宿者、ホームレス状態にある人の支援に関わって来た人たちや、福祉事務所のケースワーカーさんたちが主体となって問題提起してきた部分が大きいですよね。だからこそ現場で喫緊の課題になっている水際作戦だとか、申請時の扶養照会の問題に声を上げることができてきたわけです。

ただ、生活保護は国の社会保障の根幹をなすような制度でもあるわけだから、さらに多角的な視点で議論できるようになるといいと思います。現在の社会保障制度の中で生活保護はどんな役割を果たすべきかとか、予算はこれくらい付けるべきじゃないかとか、そのための財源はどうするかといったことを、もっと多くの人と一緒に語れる様になるといいのではないかと思います。そのためには数字に基づいた理論を形成していく力が必要だと思うんです。厚労省をはじめ、役所は統計的な数字に基づいたエビデンスを出して制度を作っていくものです。それをマスコミや運動側も検証して、批判していかないと。

石黒　私も人権とか法律を根拠に生活保護の問題を語ることは多かったけれど、税や経済の視点から考えることは避けてきたように思います。

白井　数字だ経済だと言うと難しいように思われるけれど、例えば裁判でも、生活保護を利用している人たちに家計簿を付けてもらって、証拠として提出するというようなアプローチがあってもいいのではと思うんです。
ただ、経済学や統計学の専門家に協力を仰ごうとしても「生活保護のことは分からないから」と言われたりもするんですよね。

石黒　「生活保護」が経済学や統計学の研究のターゲットになっていることも少ないのですね。
これからは今まで生活保護や貧困の問題に関わってこなかった人たちとも話ができるようにしていくことが、世論を形成していく上で重要なのかなと感じました。その手段の一つが、統計や数字をもとにしたアプローチなのかなと。

白井　本書にも寄稿していただいた井手英策先生は生活保護にも詳しい財政学者。税制について私と議論したこともあります。少しずついろいろな分野に議論できる人を広げていきたいですね。

泥沼の裁判闘争に希望の光

白井康彦

裁判所は生きていた

2021年5月末にこの原稿を書いている。いのちのとりで裁判のこれまでの地裁判決は、原告側から見ると順番に、名古屋で負け、大阪で勝ち、札幌と福岡で連敗。大阪の歴史的勝利は凄く大きかった。希望の光が見えた。負けていたら、「夜明けの光が永久に来ないかもしれない長い長い闇夜」といった状況が続いていた。

勝訴判決が出た後の記者会見で、大阪弁護団副団長の小久保哲郎弁護士（生活保護問題対策全国会議の事務局長）は「裁判所は生きていたと思えた」と述べた。全国各地の原告・支援者・代理人弁護士らも同じ気持ちだった。筆者も「ヒラメ裁判官ばかりではなかった」と安堵した。そして、判決文を読んで、「物価偽装」が実質的に認められたことと筆者の意見書が尊重されたことに感激した。いのちのとりで裁判は今後も、物価の論点に徹底的にこだわっていけば充分に勝機がある。

大阪地裁判決の内容

大阪地裁判決は、厚労省によるデフレ調整について「生活保護法3条、8条2項の規定に違反し、違法である」と断定。その理由については「最低限度の生活の具体化に係る判断の過程及び手続に過誤、欠落があり、裁量権の範囲の逸脱又はその濫用がある」と説明した。

裁量権の範囲の逸脱、濫用があったかどうかの審査では何を考慮したのか。判決文は「統計等の客観的な数値等との合理的な関連性や専門的知見との整合性の有無」という文言をはっきり掲げた。そして、「関連性や整合性に欠ける」と判断を下した。

判決文は、デフレ調整の欠陥をおおまかに二つ挙げた。一つ目は、厚労省が生活扶助相当CPIの比較の期間を「2008年~2011年」とし、比較の始点が2008年になっていることである。総務省統計局が公表しているCPI総合指数（2010年＝100）の推移を見ると、2008年は102・1になっていて、前後数年間の中では突出して高い水準。2011年は99・7。物価が高い年を比較の始点にすれば、物価指数下落率が大きくなるのは当たり前であり、判決文は2008年を比較の始点にしたことに問題があると説明した。いのちのとりで裁判では、原告側が「厚労省が2008年を比較の始点にしたことは恣意的だ」と主張していたので、原告側の主張が認められたことになる。

二つ目は、厚労省が計算した2008年~2011年の生活扶助相当CPIの下落率が4・78%と顕著に大きいことである。判決文はこの3年間のCPI総合指数の下落率が2・35%であることと比較している。CPI総合指数はCPI統計の対象の全品目で計算し、生活扶助相当CPIは生活扶助費で買える品目に対象を絞って計算する。CPI総合指数と生活扶助相当CPIの推移を示すグラフを示すので、それを見ながら考えてほしい。

細い線がCPI総合指数で、太い線が生活扶助相当CPIである。CPI総合指数は2008年

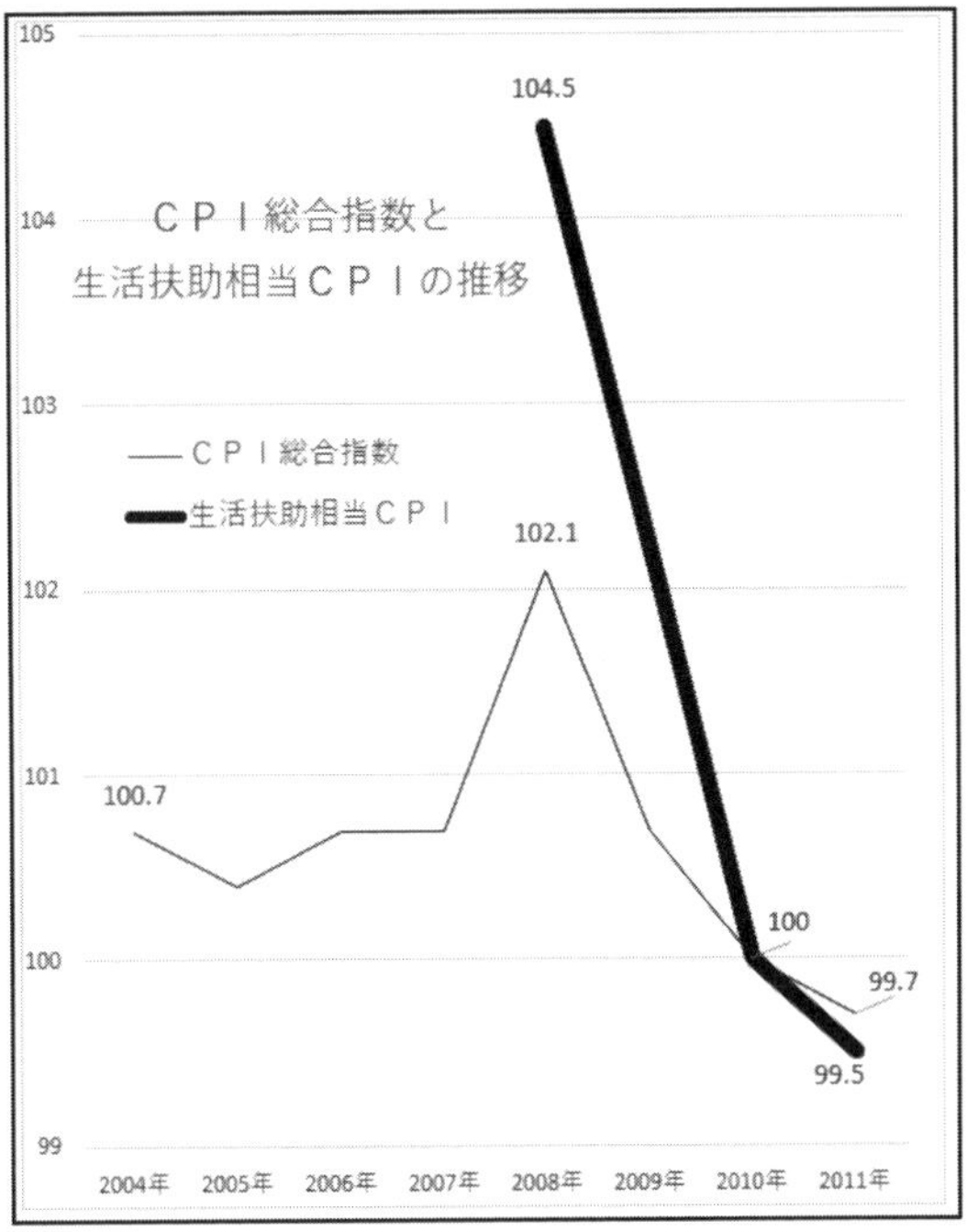

だけが突出して高い。その２００８年を生活扶助相当ＣＰＩの比較の起点にすれば、生活扶助相当ＣＰＩの下落率が膨らむことも当然予想されるので、厚労省が２００８年を比較の起点にしたことを大阪地裁の裁判官も問題にしたのである。

とはいえ、２００８年～２０１１年の下落率は、ＣＰＩ総合指数では３年間の下落率は２・35％にとどまる。ところが、生活扶助相当ＣＰＩは２００８年が１０４・５、２０１１年が99・５なので、３年間の下落率は４・78％まで膨らむ。筆者は、大阪地裁の裁判官が厚労省の計算結果を真摯に分析したことに感謝している。真摯さが現れているのは、生活扶助相当ＣＰＩの下落率がなぜ４・78％まで膨らんだのかという原因の探究だ。「テレビ、ビデオレコーダー、パソコンの価格指数低下の影響が著しく大きくなっている」という判決の指摘は正しい。筆者が厚労省の物価偽装について、強く訴えてきたポイントがまさに「テレビなどの家電製品の影響が異常に強く出た」なのである。

生活保護世帯は貧乏なので、こうした家電製品の支出額割合は一般世帯に比べるとかなり低い。

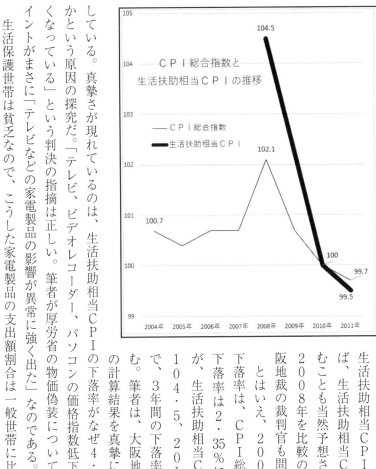

判決文はその点も指摘し、「それなのに厚労省の生活扶助相当ＣＰＩの計算では、テレビなどの影響が顕著に強く出ており、おかしい」といった論理を展開した。

政府にとって痛い所を的確に突いた判決だ。厚労省の計算では、生活扶助相当ＣＰＩの下落率４・78％のうちのおおよそ3ポイント分はテレビ、ビデオレコーダー、パソコンの影響分。この計算結果は、生活保護世帯の暮らしぶりとかけ離れている。

下落率の話だと理解しにくいという声もある。そこで、「金額の減少」という形に変えてみよう。生活保護利用者Ａさんの２００８年の買い物の合計代金が１０４万円５０００円だったと仮定する。さらに、Ａさんが２０１１年に２００８年とまったく同じ品物を同じ量だけ買ったと仮定する。物価が下落したので、Ａさんの２０１１年の買い物の合計代金は99万５０００円ですむようになった。だから、生活扶助の年間の支給額を１０４万５０００円から99万５０００円に５万円減らす。これがデフレ調整（物価スライド）の理屈である。

「５万円のうちのおおよそ3万円分はテレビ、ビデオレコーダー、パソコンが安く買えるようになった分です」と言われたら、Ａさんは怒りだすだろう。「俺たちは貧乏だから、テレビなどを買い換えることがあっても中古の激安品を買う。テレビなどの影響がそんなに大きいはずがない。その説明は絶対に納得できない」といった具合に…。この怒りは極めて正当だ。

ＣＰＩ下落率が膨らんだカラクリ

筆者は厚労省の物価偽装のカラクリを徹底的に研究。「ほぼ解明できた」という感触がある。生活扶助相当ＣＰＩの下落率が４・78％まで膨らんだ主な原因は二つだ。一つは、計算方式の選択。世界各国の消費者物価指数（ＣＰＩ）の担当機関は、ＣＰＩをラスパイレス式で計算している。日本の総務省統計局もラスパイレス式だ。厚労省の生活扶助相当ＣＰＩの計算も、２０１０年～２０１１年の期間はラスパイレス式になっている。ところが、厚労省は２００８年～２０１０年の期間はパーシェ式で計算した。パーシェ式は普段は使われることがない「お蔵入り状態」の計算方式だ。厚労省は計算方式を併用したわけで、社会常識で考えてもおかしい。

二つ目は、計算で使うデータの選択。物価指数は、計算対象の各品目の価格推移のデータと支出額割合のデータをもとに計算する。厚労省が生活扶助相当ＣＰＩの計算で使った支出額割合のデータは、一般世帯平均のものだった。生活保護世帯の現実の暮らしぶりを反映した計算値が算出されるように生活保護世帯平均の支出額割合のデータを使うべきだった。

生活保護世帯の実態をまったく反映しない物価指数の計算結果なので、普通に考えると、生活保護法８条違反だと思う。この二つの原因によって、厚労省の計算では、テレビなどの影響が強く出過ぎる結果を招き、生活扶助相当ＣＰＩの下落率が顕著に膨らんだ。

厚労省が各品目の一般世帯平均の支出額割合のデータを使ったことと生活扶助相当ＣＰＩ変化率にテレビなどの影響が強く出たことの因果関係は分かりやすい。各品目の影響度は「支出額割合が大きい品目ほどＣＰＩ変化率への影響度が大きくなる」という構図になっている。生活保護世帯は貧乏なので、テレビなどの電気製品の支出額割合は一般世帯に比べて格段に低い。それなのに、厚労省は生活扶助相当ＣＰＩを計算するときに、各品目の支出額割合のデータは生活保護世帯平均ではなく一般世帯平均のデータを使った。これによって、テレビなどの生活扶助相当ＣＰＩへの影響度は著しく過大評価される結果になってしまった。

一方、厚労省が2008年～2010年の2年間をパーシェ式で計算したことと生活扶助相当CPIの下落率が4・78％まで膨らんだことの因果関係は簡単には説明できない。まずは、先ほどの生活扶助相当CPIのグラフを見てほしい。生活扶助相当CPIは、2008年が104・5、2010年が100なので、この2年間の下落率が4・3％と著しく大きい。この2年間のパーシェ式の計算に重大な問題がある。

結論を先に言おう。物価指数を比較する二つの時点のうちの後の時点（比較時点）が2010年のときにCPI統計のデータを使ってパーシェ式で計算すると、テレビやパソコンなどの影響が強く出過ぎて、物価指数下落率が異様に膨らむのである。厚労省の2008年～2010年の生活扶助相当CPIの計算は「比較時点を2010年にしたパーシェ式」の計算なので、「テレビなどの影響が強く出過ぎて生活扶助相当CPI下落率が異様に膨らむ」という構図にぴったり当てはまったわけだ。前半2年間の計算を、通常のラスパイレス式でなくお蔵入り状態のパーシェ式にしたことは、結果的に見ると、「物価指数下落率が膨らむように仕向けた計算方式の選択」だったと言える。筆者が「物価偽装」とか「詐欺的行政」といった厳しい言葉を使っているのは、この「手品のような計算方式の選択」があったからだ。

「比較時点を2010年にしたパーシェ式」だとなぜ、テレビなどの影響が強く出過ぎるのか。パーシェ式の計算の場合は、特定の品目が比較時点に向かって「価格が急落する一方で購入数量が激増する」「比較時点での支出額割合が比較的大きい」といった条件を満たせば、その特定品目の影響が強く出過ぎて物価指数下落率が膨らむ。厚労省の前半2年間の生活扶助扶助相当CPIの計算では、テレビやパソコンなどはこの条件をぴったり満たしていた。

このあたりの構図もそれほど難解なものではない。「難しい算数レベル」だ。物価指数の計算構造が買い物かごのスタイルになっていて、足し算、掛け算、引き算、割り算だけで計算できるからだ。ただ、ラスパイレス式やパーシェ式の計算原理から説明せねばならないので、ここで簡略に説明するのは難しい。必要がある方は、筆者が書いたブックレット「誰でもわかる物価偽装教室」（風媒社）を読んで学習していただきたい。

苦し紛れの被告側主張

原告側が敗訴した名古屋、札幌、福岡の地裁判決では、裁判官は物価の論点をどう説明したのだろうか。単純明解だ。「被告の主張に沿って生活扶助相当CPIの計算が不合理でないと強調した」だけである。被告側は、各品目の支出額割合のデータを一般世帯平均にしたことについていろいろ弁明している。家計調査は一般世帯、社会保障生計調査は生活保護世帯を対象に実施されている。そのため、家計調査からは一般世帯平均の支出額割合、社会保障生計調査からは生活保護世帯平均の支出額割合がはじき出される。被告側は「社会保障生計調査は統計の取り方に問題があって生活保護世帯平均の数値とは言い難い」といった説明をしている。そのような面があったとしても、家計調査のデータと社会保障生計調査のデータのどちらが生活保護世帯の実態に近いかを考えれば、答えは「生活保護世帯を対象にした社会保障生計調査」であることは歴然としている。被告側の主張はどうにも説得力に乏しい。

計算方式に関しては、被告側は物価指数に詳しい学者の意見書を提出して必死で言い訳した。「パーシェ式とラスパイレス式の併用」という事実だけで、「不合理な計算」と裁判所に認定される可能性があったからだ。この学者は、2021年5月末現在では京都大学経済研究所教授の肩書を持つ宇南山卓氏だ。

宇南山教授は意見書の中で厚労省の生活扶助相当CPIの計算を「実務的にはロウ指数とみなせる」と説明し、「ロウ指数はCPI国際マニュアルに掲載されている適切な計算方式である」といった論理を展開した。ただ、宇南山教授は意見書の中で「厳密にはロウ指数の定義式とは異なる」と認めており、「ロウ指数という強引な解釈」によって、計算方式の併用という事実から目をそむかせようとしたに過ぎない。

ロウ指数なのか計算方式の併用のどちらであるかは、厚労省の生活扶助相当CPIの計算が「2008年～2011年の一連の計算」であるか、「2008年～2010年の前半期間と2010年～2011年の後半期間の別々の計算」であるかで決まる。厚労省が計算対象にした品目数は、2008年が485であり、2011年は32品目を追加した517なので、通常の感覚では前半期間と後半期間は別々の計算であり、「パーシェ式とラスパイレス式の併用」が正解となる。宇南山教授がこの壁を乗り越えようと展開したのは、またも解釈論。「2008年の計算対象品目数を517とみなすことができる」という主張である。

厚労省の担当者がもともとロウ指数のつもりでいたら、2011年の生活扶助相当CPIを計算するときに32品目を追加せず、2011年の計算対象品目数を485のままにしておけばよかった。32品目を追加して計算した後で、その32品目が「2008年の計算対象品目にも含まれていた」とみなすのは、苦し紛れの色合いが濃すぎるのではないか。

さらに、被告側に苦しい事実がある。厚労省の生活扶助相当CPIの計算を3年間の一連のロウ指数だと解釈しても、前半2年間の計算はパーシェ式と同じであり、後半1年間はラスパイレス式の計算と同じなのである。結局、厚労省の生活扶助相当CPIの前半2年間の計算は「2008年を比較時点としたパーシェ式」と同じだ。テレビなどの影響が強く出過ぎてCPI下落率が異様に膨らむカラクリに当てはまる。

こういったCPIの計算構造までしっかり考えず、名古屋、札幌、福岡の裁判官が物価の論点で被告側主張に沿った判決文を書いたのは、極めて残念だ。全国各地の「いのちのとりで裁判」の関係者は、裁判官に物価偽装のカラクリを懇切丁寧に説明して理解してもらわねばならない。

裁判官に「被告の主張に沿った判決を出したら恥ずかしい」と考えてもらわなければならない。それには、「物価偽装があった」という事実、真実を世の中に広めていく必要がある。それに大きな力を発揮できるのは、マスコミと政治家だ。

物価偽装についてはマスコミ報道はある程度されてきた。ただ、筆者が書いた記事が大半である点が弱みである。筆者が書いた物価偽装に関する記事は、中日新聞や東京新聞だけでなく、週刊東洋経済、週刊金曜日、消費者法ニュースなどに掲載された。中日新聞には1面トップに2回も掲載された。筆者の記事には、厚労省からの抗議は一切なかった。

国会でも、生活扶助相当CPIに疑問を投げかける質問や質問主意書は相次いでいる。政府の答弁はいつも苦しい。2019年の通常国会は、統計不正問題が大きなテーマになった。物価偽装問題についても野党合同ヒアリングが行われ、筆者も約3分間、物価偽装の酷さを厚労省や総務省統計局の官僚の前で力説した。

しかし、こういったマスコミ報道や国会での追及も、多くの国民には届いていない。そのため、いのちのとりで裁判の関係者は今後、今まで以上にマスコミや国会議員に強力に働きかけねばならない。厚労省による物価偽装は、科学的に立証できる間違いのない事実、真実である。多くの国民に知ってもらえるよう、筆者は今後も仲間とともに粘り強く活動するつもりだ。今はとにかく仲間を増やしたい。仲間が増えれば、詐欺的行政の実態が大きくクローズアップされるはずだ。この本やブックレット「誰でも分かる物価偽装教室」の読者も仲間に加わってほしい。マスコミや国会議員の仲間も増やしたい。日本のどこへでも説明に回るつもりだし、オンラインでの解説も可能だ。「理解困難な難解な話ではない」。このことをくどいようだが、最後の最後まで強調しておきたい。

［編著者略歴］
石黒好美（フリーライター/社会福祉士）
1979年、岐阜県生まれ。岐阜大学地域科学部卒。印刷会社、IT関連会社勤務の後、障害者・生活困窮者の相談支援などに携わる。日本福祉大学福祉経営学部（通信教育部）を経て社会福祉士に。現在は主にNPO、福祉、医療などの分野で執筆。

［監修］**白井康彦**
フリーライター／社会活動家。1958年、名古屋市生まれ。1984年に一橋大学商学部を卒業して中日新聞社に入社。ほぼ一貫して新聞記者生活を送り、若い頃は主に経済部、後半は主に生活部に所属。2018年に定年退職。その後は、物価偽装問題に関連する記事執筆や裁判支援活動に全力投球。YouTubeチャンネル〈白井康彦〉にて情報配信中。

装幀◎澤口環

いのちのとりで裁判に学ぶ　**わたしたちの「生活保護」**

2021年9月30日　第1刷発行　（定価はカバーに表示してあります）

編著者　石黒　好美

発行者　山口　章

発行所　名古屋市中区大須1-16-29
振替 00880-5-5616 電話 052-218-7808　風媒社
http://www.fubaisha.com/

＊印刷・製本／モリモト印刷

ISBN978-4-8331-1141-6